Fortalece tus relaciones con jefes y compañeros

PROFIT editorial

Profit Editorial, sello editorial de referencia en libros de empresa y management. Con más de 400 títulos en catálogo, ofrece respuestas y soluciones en las temáticas:

- Management, liderazgo y emprendeduría.
- Contabilidad, control y finanzas.
- Bolsa y mercados.
- Recursos humanos, formación y coaching.
- Marketing y ventas.
- Comunicación, relaciones públicas y habilidades directivas.
- Producción y operaciones.

E-books:
Todos los títulos disponibles en formato digital están en todas las plataformas del mundo de distribución de e-books.

Manténgase informado:
Únase al grupo de personas interesadas en recibir, de forma totalmente gratuita, información periódica, newsletters de nuestras publicaciones y novedades a través del QR:

Dónde seguirnos:

 |  @profiteditorial

   | **Profit Editorial**

Ejemplares de evaluación:
Nuestros títulos están disponibles para su evaluación por parte de docentes. Aceptamos solicitudes de evaluación de cualquier docente, siempre que esté registrado en nuestra base de datos como tal y con actividad docente regular. Usted puede registrarse como docente a través del QR:

Nuestro servicio de atención al cliente:
Teléfono: **+34 934 109 793**
E-mail: **info@profiteditorial.com**

HARVARD
BUSINESS
REVIEW

*Impulsa
tu
carrera
profesional*

Fortalece
tus relaciones
con jefes
y compañeros

HARVARD
WORK
SMART

PROFIT
editorial

Todas las publicaciones de Profit están disponibles para realizar ediciones personalizadas por parte de empresas e instituciones en condiciones especiales.

Para más información, por favor, contactar con: info@profiteditorial.com

Título original: *Bosses, Coworkers, and Building Great Work Relationship*

Original work copyright © 2024 Harvard Business School Publishing Corporation

Publicado por acuerdo con Harvard Business Review Press

La duplicación o distribución no autorizada de este trabajo constituye una infracción de derechos de autor.

© Profit Editorial I., S.L. 2025

Diseño de cubierta: XicArt
Maquetación: Montserrat Minguell

ISBN: 978-84-10235-53-3
Depósito legal: B 290-2025
Primera edición: Marzo de 2025

Impresión: Gráficas Rey
Impreso en España / *Printed in Spain*

Harvard Work Smart Series

Crece más rápido con lecturas rápidas, historias reales y consejos de expertos.

La colección Work Smart de Harvard aborda los temas más importantes al inicio de tu carrera profesional: cómo ser tú mismo con tus compañeros y jefes, cómo sopesar las decisiones laborales o cómo fomentar relaciones laborales más constructivas, entre otros. Cada título incluye resúmenes de los capítulos, enlaces a vídeos, audio y mucho más. Los libros de esta colección de Harvard te ayudan a dar un paso adelante en tu vida profesional y avanzar con confianza hacia el éxito.

ÍNDICE

Sección 3
Redes, mentores y patrocinadores

INTRODUCCIÓN

Los dos ingredientes clave de las buenas relaciones laborales

¿Has establecido conexiones de calidad con tus jefes y compañeros?

por Eliana Goldstein

Abrí un correo electrónico de Sara, mi cliente de *coaching*, e inmediatamente percibí su pánico. Decía así: «¡Eliana! ¿Podemos programar una sesión de *coaching* de emergencia? Acabo de recibir un correo de mi director general preguntándome si podíamos reunirnos. La semana pasada ya nos reunimos, así que no tengo ni idea de qué quiere hablarme. Tengo la cabeza en blanco». Sara era una ambiciosa gestora de proyectos que llevaba más de dos años trabajando en la misma empresa. Mantenía una buena relación con su jefe, solía destacar en su puesto y la empresa parecía segura y estable. Mi instinto me decía que la petición de su jefe no era motivo de preocupación, pero aun así quise hablar con Sara, tanto para tranquilizarla en ese momento como para averiguar por qué ese mensaje le había provocado semejante respuesta de estrés. ¿Qué más estaba ocurriendo y por qué este tipo de pensamiento podía estar frenándola en otros aspectos de su trabajo?

Mientras charlábamos, Sara compartió sus miedos y pensamientos. Le preocupaba no ser lo bastante proactiva en su forma de enfocar el trabajo y que su jefe la considerara desmotivada. Este cúmulo de preocupaciones concluyó imaginándose despedida. Hice todo lo que pude para tranquilizar a Sara y decirle que, basándome en su historial, estaba segura de que esa reunión no era lo que ella temía. A continuación pasamos a hablar de cómo podía controlar su miedo. Si la petición de una reunión cara a cara le provocaba tanta ansiedad, necesitaba crear más estabilidad en su vida laboral. Sara estuvo de acuerdo y dijo que, en el fondo, quería ser más estratégica en la gestión de su carrera, pero no sabía por dónde empezar.

Unos días más tarde se produjo la reunión, y en lugar de todas las catástrofes que Sara había imaginado, fue una conversación muy positiva. Su jefe estaba satisfecho con el trabajo de Sara en un proyecto reciente y quería conocer su opinión sobre un nuevo equipo interno que la empresa estaba creando. Incluso invitó a Sara a colaborar en la creación de ese equipo.

Así que la pregunta que te estarás haciendo es: *¿Por qué? ¿Por qué Sara, una empleada muy respetada y trabajadora, entró en pánico cuando recibió una simple petición para reunirse con su jefe? Ella no es la única. La verdad es que, para muchos jóvenes profesionales, las relaciones en la oficina pueden resultar abrumadoras e intimidatorias.

Escucho muchas de estas historias de mis clientes *millennials* y de la generación Z. Tal vez, como muchos, trabajaste duro en la escuela, descubriste cómo destacar entre un mar de solicitantes y obtuviste el preciado billete dorado: un buen trabajo. Pero muchas personas con grandes logros cometen un error al principio de sus carreras: ponen tanto énfasis en conseguir el trabajo que, una vez que lo tienen, se lanzan a él de cabeza. Se centran en los plazos y las entregas, en lugar de conectar y colaborar. Y seis meses o un año después se encuentran en la misma situación de Sara: han obtenido buenos resultados, pero se sienten ansiosos y fuera de lugar porque no han establecido relaciones de calidad con sus jefes y compañeros.

Esto es lo que les digo a todos mis clientes: las buenas relaciones laborales son el ingrediente secreto para reducir el estrés, acelerar tu crecimiento e incluso gestionar tu carrera. Seguramente ya te habrás dado cuenta de que las personas que crecen rápidamente y consiguen ascensos y aumentos de sueldo no siempre son las mejores en su trabajo. Pero ¿sabes en qué son probablemente *muy* buenas? En construir relaciones laborales. Es sorprendentemente sencillo, y solo hay dos ingredientes clave:

- Establecer vínculos sólidos con las personas adecuadas.

- Tener un propósito en las conversaciones y realizar las preguntas adecuadas.

Solo dos ingredientes, pero suponen *mucho*. Afortunadamente, estos dos ingredientes son los que se analizan en detalle en este libro.

Empecemos por el primero. En los primeros capítulos aprenderás más sobre cómo establecer conexiones más sólidas con los altos cargos de tu organización. Esto no significa simplemente conocer a tu jefe, sus gustos y aversiones, cuántos hijos tiene o qué hace para divertirse; aunque todo eso también es importante. *En realidad* se trata de crear una visibilidad interna y un intercambio de valor con ellos. Quieres construir una relación que te permita contribuir a tu empresa a la vez que haces mejor tu trabajo, aprendes a pensar de forma más amplia sobre tu función y te preparas para tus próximos pasos. Aprenderás a tomar la iniciativa en estas conversaciones en el capítulo 1, «Cómo hablar con tu jefe sobre tu desarrollo profesional», de la *coach* y consultora Antoinette Oglethorpe.

Otro elemento esencial para la creación de buenas relaciones en el trabajo son las conexiones de calidad con las personas que trabajan codo a codo contigo. En la sección 2 se explica cómo desarrollar relaciones con tus compañeros de trabajo. Tanto si el trabajo va bien como si no, tener una buena red de apoyo resulta vital. Aprenderás sobre temas como la creación de confianza cuando eres nuevo en un equipo y cómo hacer amigos en el trabajo por encima de las diferencias de edad. Otra realidad en el trabajo es que vas a tener algunos compañeros difíciles. Puede que se lleven el mérito de tu trabajo o que te hablen de una forma que no aprecias. La editora de HBR Vasundhara Sawhney te guiará por estas situaciones en el capítulo «Cómo dar un *feedback* negativo a un compañero».

Entablar relaciones con tus superiores y los compañeros de trabajo puede ser el pan de cada día, pero existe otro grupo —que puede ser el más influyente en tu carrera— que probablemente tengas que buscar: tu red de contactos, mentores y patrocinadores. Independientemente del momento actual de tu carrera —empleado o desempleado, júnior o sénior, con buenas conexiones o no—, desarrollar tu red y encontrar mentores es algo que deberías hacer constantemente; no pienses que puedes esperar hasta más adelante en tu carrera. En el capítulo de Holly Raider, «Cómo reforzar tu red de contactos cuando acabas de empezar», se ofrece orientación en este sentido, y Janice Omadeke te ayudará a entender la diferencia entre un mentor y un patrocinador, y por qué necesitas a los dos.

Pero no sacarás mucho provecho de estas relaciones —y, en realidad, no tendrás mucho éxito construyéndolas— si hablas de las cosas equivocadas. Así que pasemos al segundo ingrediente clave: enfocar las conversaciones con un propósito y realizar las preguntas adecuadas. En el trabajo, las conversaciones con propósito pueden resultar difíciles e incómodas; es mucho más fácil hablar del trayecto al trabajo, de la comida o de lo ocupado que estás. Afortunadamente, este libro contiene docenas de ideas para empezar una conversación con propósito, desde qué preguntas hacer a tu jefe en las entrevistas personales hasta cómo mantener conversaciones amables sobre política en el trabajo. Cuanto más te involucres en conversaciones difíciles y más preguntas hagas para comprender mejor cómo encaja tu papel en el panorama general, más fáciles te resultarán estas conversaciones. Antes de que te des cuenta, sentirás cómo aumenta tu confianza y sabrás que estás en el buen camino para convertirte en una máquina de construir relaciones, de hacer crecer tu carrera y de alcanzar el éxito.

Piensa en este libro como el curso intensivo Career Navigation 101 que nunca hiciste antes de incorporarte al mundo laboral. Aunque ahora mismo las conversaciones con tu jefe te resulten intimidantes y te parezca imposible encontrar un mentor, recuerda que todo lo nuevo suele suponer un reto. No te preocupes: entablar relaciones en el mundo laboral *es* un reto evidente para casi todos los que acaban de empezar en un entorno profesional. Esto se debe a que los músculos mentales que utilizas para establecer relaciones en el trabajo *no* son los mismos que los que empleas fuera de él. Acéptalo ahora y podrás empezar a desarrollar habilidades que te ayudarán a tener éxito hoy y a lo largo de tu carrera.

Esto nos lleva de nuevo a Sara. En la siguiente reunión hablamos de los dos ingredientes clave y ella se comprometió a probarlos. Empezó por cambiar el guion y pidió a su jefe una entrevista personal. Antes de charlar, trazó un mapa de su carrera en el que identificaba los objetivos a corto y largo plazo que quería alcanzar, las relaciones que tendría que establecer en toda la organización para facilitar la consecución de esos objetivos y las formas en que creía que podría aportar valor a su equipo directo y a la organización en el futuro. A continuación, compartió su plan, escuchó las opiniones y comentarios de su jefe, e intercambió ideas con él sobre los siguientes pasos que podría dar. Una vez superado su mayor temor en el trabajo, Sara es más feliz y dedica más tiempo a hacer mejor su trabajo. Sea cual sea tu mayor reto relacional en el trabajo, espero que los consejos, estrategias e historias de este libro te ayuden a superarlo y te pongan en el buen camino.

Sección 1

Jefes, directores generales y altos cargos

1

Cómo hablar con tu jefe sobre tu desarrollo profesional

No dejes tu crecimiento profesional al azar

por Antoinette Oglethorpe

Algunas personas se incorporan al mercado laboral pensando que su jefe es el responsable del desarrollo de su carrera. Trabajan duro, obtienen resultados y esperan a que les asciendan.

Por desgracia, esta estrategia rara vez funciona.

Lo que nadie les ha dicho es que el desarrollo de una carrera profesional empieza por uno mismo y se amplifica con el apoyo del jefe. Para progresar en cualquier puesto debes iniciar de forma proactiva una conversación con tu jefe sobre la planificación de tu carrera. En esta reunión puedes aprovechar para hablar de tu interés por las oportunidades de crecimiento, asegurarte de que tus objetivos individuales están alineados con la misión de la organización y desarrollar un plan a largo plazo que te permita alcanzar el éxito.

Si esto te parece mucho trabajo, estás en lo cierto. Las conversaciones sobre la carrera profesional requieren mucha planificación y preparación, pero al final te harás una mejor idea de cómo avanzar. Aquí tienes una guía paso a paso que te ayudará a ser proactivo sobre tu crecimiento y a establecer una conversación productiva sobre tu carrera con tu jefe.

Antes de la reunión

Empieza por reflexionar sobre lo que quieres

Antes de acercarte a tu jefe, tienes que tener claro dónde estás ahora y dónde quieres estar dentro de unos años. Esto te ayudará a verbalizar tus objetivos profesionales y a crear un plan de desarrollo al servicio de los mismos. Reserva un tiempo en tu agenda para reflexionar sobre tu situación y tus objetivos futuros. Hazte las siguientes preguntas:

¿Dónde te encuentras ahora? Piensa en las tareas que realizas a diario y en los proyectos o prioridades que tienes entre manos. ¿Qué aspectos de este trabajo te resultan más energéticos que agotadores? ¿En qué áreas te sientes seguro y en cuáles tienes dificultades?

Haz balance de si dominas las habilidades necesarias para tener éxito en tu nivel actual. Esta claridad te permitirá buscar de forma más intencionada oportunidades en las que puedas aprovechar tus puntos fuertes, y también identificar proyectos que puedas aprovechar para crecer y mejorar.

Busca también la opinión de tus compañeros. ¿Tu análisis de tus puntos fuertes y débiles coincide con el de ellos? ¿Qué es lo que, a sus ojos, te diferencia de los demás?

¿Qué es importante para ti a largo plazo? El objetivo de esta pregunta es ayudarte a identificar tus valores y cómo encajan en tu trabajo. Necesitas entender esto para crear un plan de desarrollo que te ayude a construir una carrera satisfactoria.

Piensa en lo que quieres hacer después. ¿En qué tipo de puesto te ves dentro de dos años? Cuando imaginas el trabajo de tus sueños, ¿en qué estás dispuesto a ceder y qué es innegociable?

Recuerda las tareas que más energía te aportan. Por ejemplo, quizá te des cuenta de que las tareas administrativas te agotan y que la interacción con los clientes te llena de energía. ¿Cómo encaja esto en tu imagen del futuro? ¿Cómo encaja en tu próximo puesto en tu organización actual? Quizás ascender a un puesto que incluya más tiempo cara a cara con los clientes sea algo innegociable, mientras que el trabajo administrativo es algo que tendrás que negociar o con lo que tendrás que transigir. Esta información será valiosa durante la conversación sobre tu carrera con tu jefe.

Antes de seguir adelante, como última consideración, piensa en cómo se alinean tus ambiciones con la misión o los objetivos de tu equipo y organización. Si puedes conectar tus objetivos futuros con los de la empresa, podrás presentar a tu jefe un argumento más convincente para tu crecimiento.

¿Qué significa el éxito para ti? El éxito significa cosas diferentes para cada persona; una trayectoria ascendente es solo una versión. Tras reflexionar, tal vez te hayas dado cuenta de que no quieres asumir más responsabilidades ni convertirte en gestor de personal.

Tal vez, para ti, el éxito implica un mayor equilibrio entre la vida laboral y personal y un trabajo creativo más concentrado. Define tu versión del éxito para que tu jefe entienda tus ambiciones y pueda ayudarte a alcanzarlas.

Solicita una reunión con tu jefe

La conversación sobre la carrera profesional no debe incluirse en una reunión semanal ni en una evaluación del rendimiento. Debe ser una reunión independiente centrada específicamente en tu crecimiento profesional. La frecuencia de estas conversaciones variará, pero lo ideal es que tu jefe esté dispuesto a mantenerlas varias veces al año para permitir un *feedback* continuo, el establecimiento y la alineación de objetivos, y la discusión de nuevas o próximas oportunidades de desarrollo profesional. Suele ser mejor celebrarlas poco después de una revisión anual o semestral del rendimiento, cuando ya has dedicado tiempo a reflexionar sobre tu trabajo anterior y ya puedes elaborar un plan con vistas al futuro.

Cuando solicites una entrevista sobre tu carrera profesional, deja claro el propósito de la reunión. Envía un correo electrónico a tu jefe y sugiérele que se reúna contigo a la semana siguiente, para que tenga tiempo de prepararse.

Durante la reunión

Comienza con una nota positiva

Empieza la conversación expresando tu gratitud por la oportunidad. Podrías decir: «Muchas gracias por reunirse conmigo hoy. Me gustaría aprovechar este momento para hablar de mis aspiraciones profesionales y, con un poco de suerte, elaborar un plan de desarrollo que me ayude a alinear mis objetivos con los de nuestro equipo y los de la empresa».

A continuación, articula claramente las ideas que has forjado durante tus momentos de autorreflexión. Explica dónde te ves actualmente, incluidos los aspectos de tu función que te satisfacen y aquellos en los que te gustaría crecer, cambiar o desarrollar de una nueva forma. Por ejemplo, podrías decir: «Me siento más realizado cuando trabajo con clientes, y creo que mi estilo de comunicación acogedor y claro es un punto fuerte que me distingue en el equipo».

A continuación, pasa a recapitular tus logros y destaca cómo han contribuido al éxito de tu equipo o empresa. Esto no solo demostrará tu valor, sino que también sentará las bases para la conversación en torno a tu crecimiento. Podrías decir: «El año pasado dirigí con éxito el proyecto X, que dio lugar a un aumento del Y % en el compromiso de los clientes, contribuyendo al objetivo de la organización de aumentar el compromiso de los clientes en un Z %. Creo que esto demuestra mi potencial para asumir funciones más desafiantes de cara al cliente en nuestro equipo y entrenar a otros sobre cómo hacer lo mismo con éxito».

Luego, comparte lo que es importante para ti en la próxima etapa de tu carrera y cómo crees que esos cambios contribuirán a tu crecimiento a largo plazo. Por ejemplo: «A medida que crezca en la empresa, me encantaría seguir asumiendo más proyectos de cara al cliente y llegar a dirigirlos. Veo esto como una forma de desarrollar aún más mis habilidades de comunicación y evolucionar como líder de personas, que es un papel en el que quiero crecer».

Por último, si hay áreas de desarrollo que deseas reconocer, no las ignores, conéctalas con la visión de la organización. Podrías añadir: «Sé que todavía tengo que aprender más sobre gestión de proyectos, y asumir más iniciativas me permitirá hacerlo. La empresa quiere aumentar nuestro alcance de clientes este año, así que mi crecimiento ayudaría a contribuir a ese objetivo». Recuerda que tus objetivos profesionales deben crear una situación en la que tanto tú como la organización salgáis ganando.

Determina los siguientes pasos

Acabas de dar a tu jefe mucho en qué pensar, y puede que le lleve algún tiempo reflexionar antes de responder. Después de exponer tu caso, sigue con algo como: «Tengo curiosidad por escuchar sus ideas y comentarios».

En algunos casos, es posible que tu jefe te agradezca que hayas iniciado el debate y te pida que volváis a hablar al cabo de una semana, lo que le dará más tiempo para procesarlo y elaborar un plan. En el mejor de los casos, tu jefe vendrá más preparado, con sus propias ideas sobre cómo te ve crecer. En ese caso, podéis trabajar juntos para desarrollar los siguientes pasos.

Comienza por debatir las siguientes áreas:

- *Comprender las oportunidades disponibles para ti.* Pregunta a tu jefe qué oportunidades tienes a tu alcance en función de tus objetivos y aspiraciones. ¿Necesitas adquirir nuevas competencias antes de ascender? Si es así, ¿cuáles son y cómo puedes demostrarlas? ¿Cree que estás preparado para asumir un proyecto de mayor envergadura? Si no hay oportunidades en tu equipo, ¿hay otro equipo con el que podrías trabajar para crecer?

- *Navegar por los procesos y la política de la organización.* En la mayoría de los casos, tu jefe no es el único que toma las decisiones, sobre todo cuando se trata de ascensos. Tienes que entender cómo funciona la organización —tanto los procesos como las tácticas— quiénes son las personas influyentes y cómo elevar tu perfil y ser más visible para las personas clave. Pregúntale a tu jefe: «¿Hay otras personas en la organización cuyo trabajo debería observar más de cerca? Me encantaría hablar con ellas y saber cómo han llegado a tener éxito aquí. ¿Cómo me sugiere que haga más visible mi trabajo y a mí mismo?».

- *Identificar y evaluar diferentes opciones y oportunidades.* Es poco probable que tú y tu jefe elaboréis un plan detallado en esta primera reunión. Una vez que tu jefe te presente las opciones, agradécele sus ideas. A continuación, hazle saber que vas a reflexionar sobre lo que habéis hablado. Pregúntale si puedes dedicar algo de tiempo a esbozar un plan más tangible para revisarlo en una reunión posterior. Esto te dará el tiempo que necesitas para reflexionar sobre los pros y los contras de la discusión, y proponer unos cuantos pasos sólidos.

Después de la reunión

Elabora un plan de desarrollo

Toma todo lo que has aprendido y elabora un plan que describa los pasos siguientes, incluidas las nuevas habilidades que necesitas adquirir, los proyectos que has acordado emprender y las personas importantes con las que quieres empezar a entablar relaciones.

Recuerda que los mejores planes son ambiciosos y realistas a la vez, superando tus límites sin dejar de ser alcanzables. Utiliza objetivos SMART (específicos, mensurables, alcanzables, pertinentes y de duración determinada) para poder controlar tus progresos a lo largo del tiempo. Aunque siempre habrá factores que escapen a tu control, es útil estructurar un plan utilizando hitos concretos (aunque estén sujetos a cambios). Por ejemplo, establecer un objetivo como «terminar el programa de formación de liderazgo en seis meses» o «aumentar el compromiso de los clientes en un 10 % en el segundo trimestre» son más factibles que algo impredecible como «ascender a líder de personal en otoño de 2024».

Seguimiento

Una vez que hayas definido tus objetivos e hitos, reserva un tiempo para revisar el plan con tu jefe. Intenta hacerlo a más tardar una semana después de la última reunión, para que la conversación siga estando presente. Puede ser útil enviar el plan a tu jefe antes de la reunión para que tenga tiempo de revisarlo con detenimiento.

Aprovecha la reunión de seguimiento para recabar su opinión, realizar los ajustes pertinentes y asegurarte de que ambos estáis de acuerdo. A continuación, pregúntale si puede comprobar cómo progresan las cosas, ya sea en reuniones de seguimiento adicionales o durante las visitas periódicas a lo largo del año.

• • •

Las conversaciones sobre tu carrera son vitales para tu crecimiento profesional. Al iniciarlas, das a conocer tus ambiciones, obtienes valiosos comentarios y allanas el camino hacia una carrera satisfactoria. Prepárate bien, comunícate con claridad y muéstrate siempre abierto a recibir opiniones. De este modo, te capacitarás para avanzar, te asegurarás los conocimientos que necesitas para crecer y darás a tu jefe la oportunidad de comprenderte y apoyarte plenamente en tu trayectoria.

Breve resumen

Para progresar en cualquier puesto debes iniciar proactivamente una conversación con tu jefe sobre la planificación de tu carrera. En esta reunión puedes mostrar tu interés por las oportunidades de crecimiento, asegurarte de que tus objetivos coinciden con los de la organización y desarrollar un plan que te permita alcanzar el éxito:

- Empieza con una autorreflexión para comprender mejor dónde estás ahora y dónde quieres estar dentro de unos años.

- Solicita una reunión con tu jefe para hablar específicamente de tu crecimiento profesional.

- Durante la reunión, comparte las conclusiones de tu autorreflexión. Destaca cómo tus logros han contribuido al éxito de tu equipo o empresa.

- Después de la reunión, redacta un plan de futuro que describa los próximos pasos y lleva a cabo un seguimiento con tu jefe.

2

Veintiocho preguntas que debes hacer a tu jefe en las entrevistas personales

Si no te ofrecen orientación, pídela

por Steven G. Rogelberg, Liana Kreamer
y Cydnei Meredith

Cuando empezó a trabajar en un nuevo puesto, a Brianna le dijeron que tendría reuniones individuales periódicas (cara a cara) con su jefe, Jayden. Brianna acogió con satisfacción esta noticia, ya que la vio como una gran oportunidad para alinearse con su nuevo jefe, y recibir su apoyo y orientación, pero sus esperanzas se desvanecieron rápidamente. En la primera reunión, Jayden se centró únicamente en las actualizaciones del proyecto y luego asignó a Brianna algunas tareas adicionales. Este patrón continuó durante semanas, y Brianna salía de las reuniones sintiéndose microdirigida y sin apoyo en su desarrollo.

Lamentablemente, esta historia es una combinación de las muchas que hemos escuchado de los empleados en nuestra investigación sobre las reuniones cara a cara entre los directivos y sus subordinados directos. Las buenas reuniones individuales abordan tanto las necesidades prácticas (información, instrucción, alineación) como las personales (consideración, respeto, confianza y apoyo) del empleado. Estas reuniones son una fuente fundamental de crecimiento y apoyo para el empleado, y promueven la prosperidad y el éxito de los equipos y la organización en general.

Pero estos beneficios solo se obtienen cuando la reunión incluye conversaciones frecuentes que abordan las necesidades de los empleados. Y, como las reuniones individuales suelen ser programadas por los directivos, a menudo se convierten en reuniones en las que se aborda lo que es prioritario para ellos, en lugar de lo que es prioritario para el empleado. Esto es especialmente cierto porque los directivos rara vez reciben formación sobre cómo dirigir bien estas reuniones, por lo que a menudo reciclan prácticas disfuncionales que ellos mismos han experimentado.

Si te encuentras en la situación de Brianna, si el enfoque de tu jefe en tus reuniones individuales con él te ha dejado sin apoyo y sin voz, deberías sentirte capacitado para dirigir tú mismo la conversación hacia tus necesidades. Y para ello necesitas realizar preguntas inteligentes.

Preguntas

Basándonos en estudios publicados y en los datos que recopilamos de casi doscientos empleados sobre temas importantes que abordar en una reunión individual, hemos identificado veintiocho preguntas clave en siete categorías generales para ayudarte a sacar el máximo partido de las entrevistas con tu jefe. Puedes utilizarlas, adaptarlas y ajustarlas a tu situación como mejor te parezca.

Pedir orientación y aportaciones

Utiliza estas preguntas para obtener ayuda de tu jefe en cualquier tarea o proyecto en el que tengas dificultades, o para expresar tu necesidad de recursos, aportaciones o apoyo adicionales:

1. Estoy teniendo algunos problemas y dificultades con X. ¿Puede ayudarme a pensar en cómo moverme y abordar X con éxito?

2. ¿Podría sugerirme ideas y reflexiones sobre cómo podría conseguir más apoyo (personas, tiempo, financiación) para ayudar en Y?

3. ¿Qué le parece mi idea Z? ¿Tiene alguna sugerencia para mejorarla? ¿O tiene alguna idea alternativa que debería tener en cuenta?

Aclarar prioridades y expectativas

Para asegurarte de que vas por el buen camino y trabajas con eficacia, asegúrate de que tú y tu jefe estáis de acuerdo. Pídele que te aclare qué tareas requieren más atención:

4. Teniendo en cuenta lo que tengo entre manos, ¿a qué debería dar prioridad ahora mismo? ¿Puede ayudarme a entender por qué?

5. Al revisar mi carga de trabajo, ¿estoy asumiendo los proyectos y tareas adecuados?

6. ¿Estoy en el buen camino para alcanzar mis objetivos y las expectativas desde su punto de vista? ¿Debo reenfocarme?

7. ¿Hay algún contexto que pueda estar pasando por alto sobre los proyectos en los que estoy trabajando? Por ejemplo, ¿cuál es el razonamiento para hacer el proyecto X?

Alinearse con la organización y su estrategia

Haz preguntas para comprender cómo se relaciona tu función con los objetivos estratégicos más amplios de la organización y la forma en que sus líderes piensan en el futuro:

8. ¿Qué está pasando por encima mío (o en otras partes de la organización) que me resultaría útil saber mientras trabajo en mis tareas importantes?

9. Para ayudarme a entender mejor el panorama general, ¿cómo encaja el trabajo que estoy realizando o la tarea que me acaba de asignar en los objetivos y la estrategia más amplios?

10. ¿Hay algo en lo que el equipo directivo esté trabajando o considerando que crea que debería conocer, dado su posible impacto en mi función?

11. ¿Qué novedades hay respecto a nuestras prioridades estratégicas como empresa que considera que debo conocer, si es que hay algo?

Buscar oportunidades de crecimiento y promoción profesional

Acude a la reunión con tus ideas (aunque sean incipientes) sobre tus objetivos profesionales a corto y largo plazo, y pregunta a tu jefe qué pasos debes dar para conseguirlos:

12. Agradecería su consejo. ¿Qué puedo hacer para prepararme para mayores oportunidades o para perseguir X interés mío?

13. Al reflexionar sobre hacia dónde se dirige la organización, ¿tiene alguna idea sobre cómo debería mejorar y desarrollarme para alinearme mejor?

14. ¿Qué puntos fuertes cree que tengo y cómo podrían ser útiles en el futuro?

15. Desde su punto de vista, ¿cuál debería ser mi próximo destino profesional y por qué me recomienda ese puesto?

16. ¿Cómo podemos asegurarnos de que mis competencias se aprovechan al máximo para apoyar al equipo y la organización?

17. ¿Cómo podemos asegurarnos de que se aprovecha todo mi potencial?

Obtener información sobre tu rendimiento

Habla con tu jefe para ver cómo te va. No deberías convertir cada reunión en una evaluación oficial de tu rendimiento, pero es importante comprobarlo periódicamente y calibrarlo si tu jefe no lo hace por sí mismo:

18. ¿Cumplo sus expectativas? Me gustaría conocer su opinión sobre mi rendimiento laboral.

19. ¿Qué comentarios podría compartir conmigo sobre cómo lo estoy haciendo en X o Y tarea?

20. ¿Cree que hay algún punto que estoy pasando por alto en lo que se refiere a A o B?

21. Al reflexionar sobre lo que hago en el trabajo, ¿qué debería empezar a hacer, dejar de hacer o seguir haciendo?

Construir una relación

Tu entrevista individual es una buena oportunidad para construir y alimentar la relación con tu jefe. Dedica un tiempo, al principio o al final de la reunión, para conectar personalmente con él:

22. ¿Cómo le va el día?

23. ¿Cómo le van las cosas en general? ¿Le va bien?

24. ¿Qué le gusta hacer fuera del trabajo?

25. ¿Hay algo que le gustaría saber sobre mí? (Si es necesario, prepárate para decir: «No me siento cómodo compartiendo eso, pero aquí hay algo más que debería saber sobre mí»).

Ofrecer apoyo

Piensa en cómo puedes ayudar a tu jefe a alcanzar sus objetivos y cumplir su función. Los directivos necesitan ayuda, seguridad y apoyo para optimizar su eficacia y rendimiento. Del mismo modo que esperas que tu jefe te apoye a ti, estudia cómo puedes echarle una mano a él. Esto también aumentará las posibilidades de que obtengas lo que necesitas en la reunión individual:

26. ¿Cuáles son sus prioridades para los próximos X días? ¿Qué puedo hacer para ayudarle?

27. ¿Dónde puedo ofrecerle apoyo?

28. ¿Hay algo que le quite el sueño en lo que pueda ayudarle?

Cómo utilizar las preguntas

Para cada reunión individual elige una o dos categorías en las que centrarte. No puedes abordarlas todas en cada reunión, así que tendrás que rotarlas o elegir las más relevantes en cada momento. Del mismo modo, escoge con moderación las preguntas: no es necesario hacerlas todas a la vez; simplemente deberás emplear las preguntas de todas las categorías a lo largo del tiempo.

No dudes en realizar un seguimiento de las respuestas de tu jefe a tus preguntas. Una buena respuesta suele ser simplemente «¿Por qué?». Obtendrás información estratégica sobre la lógica, los motivos, las suposiciones y el panorama general que hay detrás de tu trabajo diario.

Unas buenas reuniones individuales con tu jefe son fundamentales para tu éxito y el de tu equipo y organización. Y hacer las preguntas adecuadas para asegurarte de que esas reuniones te aportan lo que necesitas puede tener una enorme repercusión en tu experiencia laboral: te ayudará a mantener tu compromiso, a entender mejor tu papel y tu lugar en la organización, y a mejorar tu relación con tu jefe, por no hablar de tu bienestar.

Breve resumen

En las buenas reuniones cara a cara con el jefe se abordan las necesidades prácticas y personales, lo que beneficia tu rendimiento, crecimiento y bienestar personales, así como el éxito del equipo y la organización en general. Veintiocho preguntas pueden impulsar las mejores conversaciones en las reuniones individuales. Estas preguntas se dividen en siete grandes categorías:

- Pedir orientación y aportaciones.

- Aclarar prioridades y expectativas.

- Alinearse con la organización y su estrategia.

- Buscar oportunidades de crecimiento y promoción profesional.

- Obtener información sobre el rendimiento.

- Construir una relación.

- Ofrecer ayuda.

3

Tres maneras de decir no a tu jefe
Consejos de tres miembros del equipo de HBR

por Paige Cohen

¿Cuántas veces has oído el consejo laboral de que debes decir que sí a todo? La idea es que, cuanto más trabajo aceptes, mayor ambición demostrarás y más rápido ascenderás en la organización. Esta sabiduría me fue transmitida a través de muchas personas: mentores, profesores, jefes, colegas y padres. Al principio de mi carrera me sentía orgullosa de ellos y rara vez, por no decir nunca, rechazaba una tarea.

Tenía una lista interminable de trabajos pendientes y me pasaba las horas en la oficina pagando mis deudas. ¿A quién le importaba si estaba completamente quemada y no tenía ni idea de lo que me gustaba o quería hacer? Estaba bendecida con infinitas «oportunidades». Hacía gala de grandes habilidades, como la organización y la eficiencia. Era una persona de síes, el mejor tipo de persona. ¿Qué puede haber mejor que eso?

21

Años después, tengo la respuesta a esa pregunta: aprender a decir que no. Me costó mucho ensayo y error llegar a ello, pero rechazar a la gente con elegancia me ha llevado mucho más lejos que aceptar tareas no promocionables por miedo a decepcionar a los demás. Decir que no estratégicamente puede proporcionarte más energía, tiempo y equilibrio entre la vida laboral y personal. Es un talento: la capacidad de priorizar el trabajo que mostrará tus puntos fuertes o de centrarte en tareas que te ayudarán a desarrollar las habilidades que necesitas para avanzar al siguiente nivel.

Como yo, al principio de tu carrera puedes sentirte más presionado para decir que sí a todo. Es lógico. Eres nuevo. Intentas labrarte una buena reputación. Pero recuerda: reservar tu energía para el trabajo más importante —el que te beneficiará a ti y a tus ambiciones— te hará tener más éxito que asumir tareas para las que no tienes el ancho de banda necesario.

Aun así, decir que no es difícil, sobre todo si la petición viene de tu jefe. Entonces, ¿cómo hacerlo?

Pedí consejo a los miembros de mi equipo, que tienen mucha experiencia en este campo.

Cómo decir no a tu jefe

Tómate un día para pensar si la tarea te ayudará o te perjudicará

Decir no a mi jefe (o incluso a mis compañeros de trabajo) es algo con lo que siempre he luchado. Empecé mi carrera en el mundo de las *startups*. Como miembro de un equipo muy pequeño, aprendí el valor de decir que sí a todas las tareas que me proponían, incluso a las que estaban muy lejos de la descripción de mi trabajo. No solo aprendí mucho haciéndolo, sino que también me gané el favor de mi jefe y conseguí ascensos rápidamente. Aún sigo teniendo esa mentalidad, aunque ahora trabajo en una empresa mucho más grande.

Sigo pensando que decir que sí a tareas fuera de tu zona de confort puede ser realmente gratificante, pero ahora también entiendo los retos que puede conllevar hacerlo. Si dices que sí a todo, básicamente estás diciendo que no a hacer un buen trabajo en nada. Llega un punto en el que, si te extiendes demasiado, tu rendimiento bajará, y toda la buena voluntad y la experiencia que habrías ganado probando algo nuevo se esfumarán.

Ahora, cuando mi jefe me pregunta si puedo encargarme de una nueva tarea o proyecto, intento crear una pausa en la conversación diciendo algo como: «¡Suena interesante! ¿Le importaría que me pusiera en contacto con usted mañana para que pueda examinar mis otras prioridades en este momento y ver de cuánto tiempo dispondría para ayudarle?».

A partir de ahí, intento pensar en la tarea en sí y hacerme algunas preguntas:

- ¿Aprenderé algo nuevo o ganaré experiencia diciendo que sí?

- ¿Coincide esta tarea con mis futuros objetivos profesionales?

- ¿Qué experiencias me perderé si digo que sí a esta tarea?

- ¿Ya me siento abrumada?

Estas preguntas me ayudan a saber si realmente me interesa ayudar en el proyecto en cuestión o si solo digo que sí porque quiero contentar a mi jefe.

Kelsey Alpaio (ella/él),
editora asociada sénior, HBR Ascend

No te limites a decir que no, justifica tu respuesta

Existe una dinámica de poder desigual cuando alguien de más categoría que tú te pide que te encargues de una tarea, por eso es importante explicar la lógica de tu respuesta, sobre todo si la rechazas. Decir simplemente que no deja margen para que el solicitante suponga por qué no aceptas una tarea o declinas un proyecto. El contexto es vital.

Ejemplos de razones por las que podrías decir que no:

- No puedes terminar la tarea o el proyecto en el plazo previsto.

- No te sientes con los recursos necesarios para realizar el trabajo con éxito.

- Tendrás que desatender responsabilidades importantes para llevar a cabo la nueva tarea.

En otras palabras, si decir que no te llevará a una versión más eficiente, equilibrada y exitosa tanto de ti como de tu trabajo, probablemente sea la respuesta correcta. Como en la mayoría de las conversaciones en el trabajo, lo mejor es ser transparente sobre lo que notas, sientes y crees.

Personalmente sugiero utilizar frases como: «No me sentiría cómodo haciendo esto porque ...» o «Con mi carga de trabajo actual, no podré terminar esta tarea en el tiempo que usted necesita». Compartir tu lógica con tu jefe te ayudará a enmarcarte como un colega reflexivo, responsable, honesto y razonable.

Nicole D. Smith (ella/él),
directora de audiencia editorial, HBR

Apoya tu razonamiento con datos

Si te sobrecargas con tareas que no puedes realizar al máximo de tus posibilidades, solo conseguirás resultados mediocres. Cuando digas que no a tu jefe, es tu trabajo hacérselo entender utilizando datos y pruebas que respalden tu caso.

El primer paso es comprender claramente los requisitos de la tarea y calcular los esfuerzos necesarios para llevarla a cabo con éxito. Si no estás seguro, pregunta a tu jefe: «¿Para cuándo lo necesita y qué considera que sería un resultado satisfactorio?».

Basándote en esos datos, considera tu situación actual. Si un resultado parece poco realista, pregúntate por qué. Una de las razones más comunes puede ser que, sencillamente, tienes demasiadas cosas en tu lista de tareas pendientes para abordar el proyecto en el plazo previsto. (Si tienes tiempo, dedica uno o dos días a hacer un seguimiento de cuánto tiempo dedicas a cada elemento de tu lista actual de tareas pendientes antes de responder a tu jefe).

Una vez que tengas una idea más clara de tu disponibilidad, busca un momento para hablar con él cara a cara y explicarle tranquilamente tu situación, utilizando los datos que hayas reunido para apoyarte. Si la tarea es urgente o crítica para la empresa, y no puedes obtener resultados con la suficiente rapidez, pide a tu jefe que te ayude a reorganizar las prioridades de las responsabilidades a las que ya te has comprometido. Puedes decir: «Me encantaría encargarme de esto, pero no puedo hacerlo en el plazo previsto con todo lo que tengo entre manos. ¿Podría ayudarme a reorganizar las prioridades de mi lista de tareas para liberar más espacio en mi agenda?».

También he descubierto que las herramientas de colaboración, como Trello y Airtable, que te permiten realizar un seguimiento de tus tareas actuales, pueden ayudarte a ti y a tu jefe a estar en sintonía al hacer que tu carga de trabajo sea visible para todos. Te recomiendo que utilices estas herramientas para documentar tus proyectos en curso. A continuación, comparte tus proyectos con tu jefe para que pueda ver en qué estás trabajando antes de asignarte algo nuevo.

Dviwesh Mehta (él/ella), director regional, Asia Meridional y Oriente Medio, Higher Education, Harvard Business Publishing

Breve resumen

En el trabajo se nos anima (y se espera) que digamos que sí a todo. Pero, en última instancia, no te beneficiará asumir tareas para las que no tienes la disponibilidad necesaria. He aquí cómo decir que no a tu jefe:

- Tómate un día para pensar. Decir que sí a tareas fuera de tu zona de confort puede ser gratificante, pero dispersarte demasiado perjudicará tu rendimiento.

- Explica claramente por qué rechazas una tarea. Decir simplemente que no deja demasiado margen a las suposiciones.

- Respalda tu respuesta con datos. Dedica uno o dos días a controlar cuánto tiempo dedicas a cada tarea de tu lista antes de decidir si tienes tiempo para más.

¿Quieres saber más sobre cómo decir no en el trabajo?
Mira este vídeo de HBR.

Cómo tratar a un jefe celoso
Conviértelo en un aliado

por Ruchi Sinha

Compararnos con los demás es una parte fundamental de la experiencia humana. Se puede ver en casi todas las etapas de la vida: un niño pequeño que quiere un juguete nuevo porque a su compañero le han regalado uno; un adolescente que busca la mejor aplicación fotográfica para que sus fotos de Instagram estén a la altura de las de sus amigos; o un adulto agradecido por haber pasado el confinamiento en su apartamento con balcón y estupendas vistas mientras su compañero estaba atrapado en un estudio sin ventanas.

En el trabajo las comparaciones también son habituales. A veces sentimos envidia de la magnífica presentación de un compañero o celos de que hayan elegido a otro para trabajar en ese proyecto tan importante. A menudo también nos enfrentamos a los celos como respuesta a nuestros propios éxitos.

Pero ¿y si los celos o el resentimiento proceden de tu jefe?

27

Cuando un directivo inseguro se enfrenta a un subordinado que le supera, es probable que se sienta amenazado. Los estudios demuestran que, en estos casos, los directivos tienden a reaccionar de dos maneras:[1]

Reacciones que no te perjudican. Tu jefe encuentra la manera de autodespreciarse humildemente y cree que rindes tan bien como lo haces porque eres excepcional. Esta falsa narrativa le ayuda a justificar sus propias deficiencias comparativas o su falta de popularidad.

Si esta es tu situación, es probable que tu jefe sea inofensivo, por lo que es mejor no remover el asunto.

Reacciones que pueden perjudicarte. Tu jefe suele decir o hacer cosas que ponen de manifiesto sus celos. He aquí algunos signos reveladores de que sus reacciones son perjudiciales:

- Siempre encuentra algo que criticar de tu trabajo, incluso cuando da resultados y es elogiado por los demás.

- Te interrumpe con frecuencia durante las reuniones o las entrevistas individuales.

- Menosprecia tus logros delante de tu equipo.

- Te ignora.

- Parece que disfruta señalando tus errores.

- Te asigna proyectos en los que nadie más quiere trabajar.

Si esta es tu situación, tu jefe puede pensar que el reconocimiento que recibes es injusto o que le hace quedar mal. Puede que te vea como una amenaza y esté resentido contigo. Es típico que un directivo con esta mentalidad se distancie de ti, te margine socialmente e intente eliminar cualquier ventaja que tengas en el sistema. Esto no es culpa tuya, pero podría afectar a tu crecimiento y desarrollo profesional.

Si estás viendo cómo tus perspectivas se desvanecen por culpa de un jefe celoso, utiliza los siguientes consejos para ayudarte a gestionar sus emociones (y tu trayectoria profesional):

Comprende la psicología. Tu jefe es humano y tiene la misma necesidad de estatus y respeto en el trabajo que los demás. Cuando ve que le eclipsas, puede sentirse amenazado, sobre todo si percibe que su propia popularidad y estatus están disminuyendo. Esto da lugar a celos, envidia o frustración. Los psicólogos lo llaman estado de *privación relativa*: sentirse en desventaja o inferioridad al compararse con los demás, acompañado de la percepción de que uno es peor que los demás.

Aunque corresponde a tu jefe lidiar con sus propios sentimientos de inseguridad y resentimiento, quizá también quieras comprobar si hay algo que debas cambiar en tu propio comportamiento. Pregúntate lo siguiente:

- ¿Compartes el protagonismo con esa persona?

- ¿Das crédito a quien lo merece?

- ¿Muestras suficiente aprecio y reconocimiento por el trabajo en equipo que hay detrás de tu éxito?

Al responder a estas preguntas estarás en mejores condiciones de comprender si alguno de tus propios comportamientos ha contribuido a las inseguridades de tu jefe.

Gestiona tus reacciones con humildad. Inevitablemente, cuando tenemos éxito, atribuimos los resultados a nuestra propia ambición, empuje, habilidades y capacidades. Aunque eso pueda ser cierto, tenemos que reconocer las circunstancias excepcionales y las oportunidades afortunadas que hayamos podido recibir a lo largo del camino. Aquí es donde puedes recordar a tu jefe lo agradecido que estás por el apoyo, la tutoría, el patrocinio y la exposición que puede haberte dado para ayudarte en este camino hacia el éxito. Es fundamental hacerlo no solo en las conversaciones privadas, sino también delante de las partes interesadas valoradas por tu jefe.

Por ejemplo, la próxima vez que en una reunión importante se elogie o destaque tu trabajo, puedes decir: «Quiero reconocer que gran parte de este éxito también se debe al apoyo de mi jefe y a las oportunidades que me ha dado. Quiero dar las gracias específicamente a [nombre del directivo] por animarme a aceptar [oportunidad]. Este reconocimiento no es solo por mi rendimiento, sino por todas las decisiones que se tomaron para hacer realidad este proyecto».

Recuerda que tu humildad y gratitud deben ser auténticas. Cuando sea oportuno, menciona acontecimientos e historias concretas que ejemplifiquen el apoyo de tu jefe o habla de cómo te ayudó a superar un reto. Agradece a tu jefe que te haya brindado grandes oportunidades de establecer contactos o desarrollarte, o que te haya dado la oportunidad de trabajar en proyectos de alto nivel.

Utiliza tu éxito para reforzar tanto a tu jefe como a tus compañeros. Cuando estás prosperando, puede que te centres más en tus propios logros, pero es fundamental que te detengas y busques formas de utilizar tu influencia para ayudar a los demás a triunfar. Si tienes cierto nivel de influencia debido a tu éxito, comparte ese poder primero con tu jefe. Invítalo e inclúyelo en eventos importantes. Construye su perfil cuando te vean como la estrella: eso es lo que crea un buen jugador de equipo.

También puedes compartir tu experiencia con tus compañeros mediante tutorías formales o informales, o dirigiendo talleres de equipo. Es probable que tu jefe interprete positivamente estos comportamientos y te vea como un activo para el equipo, no como una amenaza.

Desactiva de forma proactiva las luchas de poder y estatus. Si tu jefe se siente amenazado por tu estrellato, es posible que se muestre más agresivo a la hora de hacer valer su poder e influencia en las reuniones y ante las partes interesadas. Debes entender que, cuando tu jefe hace alarde de su poder sobre ti, es probable que se deba a su propio sentimiento de envidia. Para desactivar el origen de esa amenaza no respondas en una lucha por el poder y el estatus. En lugar de eso, valida a tu jefe reconociendo su experiencia y autoridad. Recuérdale que valoras su apoyo y las contribuciones que ha hecho a tu éxito.

Podrías decir: «Entiendo de dónde viene y aprecio su experiencia. De hecho, me encantaría que me aconsejara sobre cómo llevar a cabo [esta tarea]. Sus conocimientos y habilidades me han ayudado en el pasado, y quiero aprender de usted para seguir avanzando». Esto puede infundir seguridad y eficacia positiva, lo que ayudará a evitar que te condenen al ostracismo social.

● ● ●

No dejes que las acciones de tu jefe te frustren. Si tu jefe te menosprecia, reacciona de forma que te perjudica o te impide alcanzar el éxito, debes saber que hay formas de controlar su mal comportamiento y convertir su rivalidad en una alianza.

Breve resumen

Si tienes éxito en el trabajo, no es raro que algunas personas sientan envidia, pero ¿y si la persona envidiosa es tu jefe? Puede que te veas en la poco envidiable situación de tener que gestionar sus emociones para gestionar tu propia carrera:

- **Comprende la psicología.** Piensa si tus acciones han contribuido a sus inseguridades y de qué manera.

- **Gestiona sus reacciones con humildad.** Muéstrate agradecido por el apoyo que te ha prestado.

- **Utiliza tu éxito para dar poder a los demás.** Emplea tu influencia para destacar el buen trabajo de tu jefe y los demás miembros de tu equipo.

- **Desactiva proactivamente las luchas de poder y estatus.** No seas recíproco en la lucha por el estatus. En su lugar, valida a tu jefe reconociendo su experiencia y autoridad.

¿Quieres saber más sobre cómo trabajar con un jefe inseguro?
Mira este vídeo de HBR:

5

Cómo dar un *feedback* negativo a tu jefe
Prepárate, sé puntual, constructivo y curioso

por Nicole D. Smith

Tu jefe toma decisiones sobre tu carga de trabajo, tu rendimiento, tu salario, tus ascensos y mucho más. Esta dinámica de poder global significa que tendrás que pensar bien cuándo, con qué frecuencia y cuál es la mejor manera de hacerle comentarios negativos. Los jefes son personas y, como todo el mundo, a veces cometen errores o necesitan desarrollar nuevas habilidades para rendir al máximo.

Si das un comentario negativo con cuidado, puedes acabar reforzando la relación e incluso beneficiando tu crecimiento. Esta es la clave: no se trata solo de lo que dices, sino de cómo lo dices.

Prepárate

Al igual que ocurre con todos los comentarios, los negativos deben ser específicos, sobre todo si se los das a tu jefe. Cuando te prepares

33

para compartir una observación, pregúntate qué acciones, errores, elecciones o juicios quieres comentar. Elige aquello en lo que vas a centrarte, cíñete a ello y organiza tu intervención.

Debes ser capaz de explicar el problema y cómo te está afectando a ti, a tu equipo o a la organización. Esto ayudará a tu jefe a entender mejor sus errores (sin abrumarle), y a ti a preparar una crítica meditada y justa.

Sé puntual

A la hora de emitir un comentario negativo, el momento oportuno lo es todo. La puntualidad informará a tu jefe de que hay un problema. Lo más probable es que, con el gran número de personas y proyectos que él dirige, tus observaciones o problemas no estén en su radar. Además, un comentario a tiempo puede ayudar a reducir la frustración, la confusión u otros sentimientos que, de otro modo, podrías guardarte para ti. Por eso, cuanto antes, mejor. Quieres que la conversación sea relevante.

Prepara el terreno, pero te recomiendo que te guardes los detalles para la conversación en sí. (No querrás ponerlo a la defensiva incluso antes de tener la oportunidad de hablar). Puedes decir: «Querría hablar de cómo me he sentido cuando me has dado instrucciones durante la reunión de hoy. ¿Tienes tiempo para hablar?».

Sé constructivo, considerado y respetuoso

Durante la reunión con tu jefe, ten en cuenta que dar una opinión negativa puede resultar incómodo, e incluso intimidatorio, cuando se trata de tu jefe. Las emociones suelen ser una parte importante de la retroalimentación, y no solo para ti, sino también para tu jefe. Es importante poder controlar y regular las emociones durante la conversación. Si te sientes abrumado en ese momento, respira hondo y luego habla.

Intenta cubrir cinco aspectos: agradécele su disposición a escuchar y, a continuación, expón tu intención al compartir tu opinión (que sea productiva y positiva), qué quieres que cambie, por qué quieres que cambie y cualquier impacto negativo que hayas observado como resultado de sus acciones o su comportamiento.

Sé curioso

Cuando hayas terminado de compartir tus comentarios negativos, anima a tu jefe a hacer preguntas o a compartir su propia perspectiva. Preguntas sencillas como «¿Qué piensa?» pueden permitirle compartir su opinión abiertamente, pedir una aclaración o reflexionar en voz alta. Las preguntas curiosas pueden desencadenar un diálogo auténtico y honesto. Puede que descubras que su comportamiento no fue intencionado o que no era consciente de cómo te afectaban sus acciones. Una vez que la retroalimentación se convierta en conversación, sienta las bases para que ambos os escuchéis y, lo que es más importante, colaboréis en posibles soluciones.

Breve resumen

Es incómodo e inevitable, pero en algunas ocasiones hay que hacer un comentario negativo a tu jefe. A la hora de mantener la conversación al respecto, no se trata solo de lo que dices, sino de cómo lo dices. Estas tácticas pueden ayudarte:

- **Prepárate.** Elige en qué te vas a centrar, cíñete a ello y sé organizado en tu discurso.

- **Sé oportuno.** Más vale pronto que tarde. Quieres que la conversación sea relevante.

- **Sé constructivo, considerado y respetuoso.** Si te sientes abrumado en ese momento, respira hondo y luego habla.

- **Sé curioso.** Anima a tu jefe a hacer preguntas o a compartir su punto de vista.

¿Quieres saber más sobre cómo tratar a un mal jefe?
Escucha este episodio de *New Here* en HBR:

6

Cómo tener una reunión fructífera con el jefe de tu jefe

Cinco maneras de sacar el máximo partido de la conversación individual con el jefe de tu jefe

por Melody Wilding

¿Conoces bien al jefe de tu jefe? ¿Cuánto tiempo has pasado con él sin la presencia de tu jefe? Si eres como la mayoría de los profesionales con los que trabajo, la respuesta a estas dos preguntas es probablemente «muy poco». Y, sin embargo, gestionar hacia arriba no se limita a influir en tu jefe inmediato. También requiere que establezcas relaciones con líderes situados más arriba en tu cadena de mando, incluido tu «gran jefe».

Una de las formas más efectivas de forjar una conexión con los que están por encima de ti es a través de una reunión a un nivel superior: un cara a cara entre tú y el jefe de tu jefe. Es una oportunidad para comunicarte directamente con un superior al que no tienes acceso o con el que no interactúas habitualmente. Tener *skip-levels* (saltos de nivel) garantiza que no solo eres eficaz en tu función, sino que también estás alineado, informado y eres cada vez más visible. Este tipo de reuniones te permiten:

- *Obtener una perspectiva más amplia.* Interactuar directamente con el jefe de tu jefe te ayuda a alinearte con la dirección estratégica más amplia de la empresa, y a presentar proyectos e iniciativas que coincidan con lo que se valora en la cúpula.

- *Construir capital social.* Crear una buena relación con el jefe de tu jefe sienta las bases de la confianza, que puede resultar inestimable en momentos de cambio, transición e incertidumbre.

- *Mejorar la promoción.* Estas reuniones ofrecen una plataforma para mostrar los logros, solicitar los recursos que tu equipo necesita y posicionarte para seguir creciendo.

A continuación te explicamos cómo organizar, mantener y aprovechar las conversaciones ascendentes para tu propio beneficio y el de toda la organización.

Ten en cuenta su cultura

Para muchos de los profesionales a los que entreno, la idea de interactuar directamente con su superior puede ser intimidante. Les asalta la duda y les preocupa perder el tiempo de su superior o parecer que «se esfuerzan demasiado». Son preocupaciones válidas. La relación con el jefe del jefe requiere un delicado equilibrio. Si te pasas de la raya, puede parecer que estás pasando por encima de tu superior inmediato.

Así que ve con cuidado. Antes de lanzarte a programar un salto de nivel, considera la cultura de tu lugar de trabajo y cómo se percibiría una petición de este tipo. ¿Sería bien recibida o se vería como una amenaza? Algunas empresas fomentan la comunicación abierta, mientras que otras tienen estructuras más jerárquicas. Reflexiona sobre las interacciones anteriores y los comentarios de tu supervisor. ¿Te han animado a tomar la iniciativa o te han aconsejado un enfoque más cauto? Esto puede darte una idea de cómo perciben tu petición.

Informa a tu jefe

Si sigues adelante, la transparencia es fundamental. Elige un momento privado en el que tú y tu supervisor inmediato podáis mantener una conversación sincera. Explica por qué crees que una reunión a un nivel superior sería beneficiosa para ti y para el equipo en su conjunto. Quizá puedas explicarle cómo te ayudará a tomar decisiones con conocimiento de causa, a reducir las idas y venidas, o a evitar sorpresas de última hora que consumen tiempo y recursos valiosos. Haz hincapié en que tu intención no es socavar o eludir a tu jefe, sino mejorar tu propia comprensión y alineación con la organización. Tu jefe te agradecerá entender la motivación de tu petición.

Preguntar a tu jefe cosas como: «¿Cómo sugiere que aproveche al máximo el tiempo?» o «¿Hay temas específicos que cree que sería bueno que yo tratara?» demuestra que respetas su experiencia y sitúa la petición como un esfuerzo de colaboración. Si tu jefe expresa reservas o sugiere esperar a un momento más oportuno, escúchale. Puede que sepa cosas sobre la política del lugar de trabajo que tú no conoces.

Define tus objetivos

No querrás faltar al respeto al jefe de tu jefe con una falta de preparación, así que define tus objetivos de antemano. ¿Aclarar las expectativas? Describe tus conocimientos actuales y pide que te los confirme o corrija. ¿Buscar orientación? Describe los retos u oportunidades específicos a los que te enfrentas y la solución por la que te inclinas, y pregunta cómo se han enfrentado a situaciones similares en el pasado. ¿Presentar información? Comparte un resumen claro y conciso, y adapta los datos a lo que interesaría a un ejecutivo, centrándote en el impacto y los resultados.

Prepara preguntas impactantes

Independientemente de lo que quieras conseguir de la conversación *skip-level*, tu principal tarea es escuchar. Sigue la regla del 70/30: debes intentar hablar el 30 % del tiempo y dejar que el jefe de tu jefe hable el 70 %. Al escuchar más, aprovechas sus experiencias y puntos de vista y puedes captar más fácilmente matices no evidentes.

Además, te obligarás a ser conciso y preciso en tu comunicación. Tu tiempo de uso de la palabra debe centrarse en hacer las preguntas adecuadas, que muestren tu pensamiento estratégico y aporten claridad. Por ejemplo:

- Desde su punto de vista, ¿cuáles cree que son los retos más importantes que debe afrontar nuestro equipo?

- ¿Cómo prevé que evolucione el papel de nuestro equipo dada la estrategia a largo plazo de la empresa?

- Basándose en sus observaciones, ¿cómo puedo crecer en mi función para apoyar mejor tanto a mi equipo inmediato como a la organización en general?

- ¿A qué tendencias o cambios del mercado deberíamos prestar atención o aprender de ellos?

- Cuando se imagina nuestra empresa dentro de cinco o diez años, ¿cuáles son los hitos clave que espera que hayamos alcanzado?

- Dados los retos a los que se enfrenta nuestra industria, ¿qué le mantiene optimista?

Construir la relación

Construir una relación genuina y significativa con cualquier persona —especialmente con el jefe de tu jefe— consiste en demostrar constantemente respeto, integridad e iniciativa. Un poco de agradecimiento no está de más, así que envía siempre un correo electrónico de seguimiento después de la reunión para dar las gracias a tu jefe de nivel superior por su tiempo. También puedes resumir los puntos clave o explicar cómo piensas seguir sus consejos.

La responsabilidad es importante. Si dijiste que volverías sobre un punto o una pregunta, cumple tu promesa y demuestra que eres de fiar. Considera también la posibilidad de pedir una reunión trimestral y anótala en el calendario lo antes posible.

• • •

Dedicar tiempo y esfuerzo a invertir en las relaciones ascendentes, como las que se establecen con los directivos de nivel superior, requiere estrategia, humildad y diligencia. Al fin y al cabo, el liderazgo no consiste solo en gestionar a los que están por debajo de uno, sino también en sortear las complejidades de los que están por encima.

Breve resumen

Una de las formas más eficaces de forjar relaciones ascendentes en tu organización es a través de una reunión *skip-level*. Para tener un cara a cara eficaz con el jefe de tu jefe, sigue estos consejos:

- **Considera su cultura.** Piensa en cómo percibiría tu jefe que te reunieras con su jefe.

- **Informa a tu jefe.** Si sigues adelante, la transparencia es fundamental.

- **Define tus objetivos.** No faltes al respeto acudiendo a la reunión sin haberla preparado.

- **Prepara preguntas impactantes.** Sé conciso y resuelto en tu comunicación.

- **Construye la relación.** Sé agradecido y haz un seguimiento de los puntos que hayan surgido en la reunión.

Sección 2

Compañeros y amigos del trabajo

7

Tres tipos de compañeros de trabajo difíciles y cómo trabajar con ellos

No tienes por qué aguantar un mal comportamiento

por Amy Gallo

En todos los lugares de trabajo hay personas —muchas de las cuales se han ganado el respeto y posiciones de poder— que se comportan de forma irreflexiva, ambigua, irracional e incluso, a veces, francamente maliciosa.

Puede ser difícil saber exactamente cómo trabajar con personas que actúan así. Lo más probable es que nadie se haya sentado contigo y te haya dicho: «Así es como se reprime a un sabelotodo agresivo» o «Prueba este método para tratar con un negacionista incesante». Es probable que nunca hayas asistido a una clase sobre cómo tratar a un colega que juega sucio en la oficina o que un mentor jamás te haya dado consejos sobre qué hacer si te encuentras trabajando para un jefe incompetente.

Sin embargo, cuando no abordamos estos pequeños conflictos con nuestros compañeros de trabajo, el estrés puede afectar nuestra productividad, hacer que el trabajo sea miserable e incluso repercutir en otros aspectos de nuestras vidas. Por eso es importante aprender por qué los compañeros difíciles se comportan como lo hacen, dominar las tácticas para tratar con sus rasgos más difíciles y, en última instancia, decidir cuándo persistir en nuestros esfuerzos o alejarnos.

Construir una relación con un colega complicado puede parecer difícil, pero es una habilidad que se puede aprender. Aquí tienes tres arquetipos comunes de compañeros de trabajo difíciles, los comportamientos que suelen mostrar y cómo puedes gestionar tu relación con ellos.

El pesimista

Cómo es

Cuanto más dejaba Simran que su colega Theresa se desahogara sobre sus preocupaciones acerca de la empresa y su vida, más tiempo pasaba Theresa quejándose con ella. Theresa no encontraba nada positivo que decir —nunca— e incluso parecía disfrutar inventando todas las formas en que un proyecto o una iniciativa podían fracasar. Para Simran, las quejas de Theresa se estaban convirtiendo en una carga física y psicológica.

Por qué actúa así

Hay muchas razones por las que los pesimistas piensan y se comportan como lo hacen. Un pesimista puede estar motivado por la ansiedad, el deseo de poder o el resentimiento por cómo le han tratado en el pasado. Sin embargo, algunos pueden tener razones legítimas para ser negativos. Por ejemplo, durante el lanzamiento de un nuevo producto, pueden articular riesgos relacionados con conseguir que los clientes acepten la nueva idea o señalar problemas en el lugar de trabajo que la mayoría de la gente se niega a reconocer o notar.

Independientemente de por qué un pesimista actúa como lo hace, es importante encontrar formas de trabajar productivamente con él. Al fin y al cabo, las actitudes negativas pueden ser contagiosas e infectarte no solo a ti, sino a todo el equipo.

Tácticas que puedes probar

- *Reconoce sus quejas y luego reformúlalas.* Por ejemplo, si el pesimista se queja de que otro miembro del equipo es perezoso, puedes decir algo como: «Es una época de mucho trabajo para todos. Seguro que está haciendo más de lo que podemos ver». No seas condescendiente ni mezquino, pero presenta un punto de vista alternativo. También puedes pedir a tu colega que sea constructivo. Por ejemplo, puedes decirle: «Entiendo por qué estás frustrado. ¿Crees que hay algo que podamos hacer?» o «¿Qué podríamos intentar la próxima vez?». El objetivo es aumentar el sentido de agencia del pesimista indicándole las acciones que puede emprender o incluso contándole una anécdota de una ocasión en la que tú te enfrentaste a circunstancias similares y respondiste de forma productiva.

- *Utiliza su perspectiva como una herramienta positiva.* Si a tu colega se le da bien señalar los riesgos, quizá pueda formar parte de sus funciones formales. Seguro que has oído alguna vez el consejo de nombrar a un «abogado del diablo» que se encargue de plantear cuestiones difíciles y cuestionar la forma de pensar del grupo. Los estudios demuestran que conceder, al menos a una persona, el derecho a rebatir de este modo mejora la toma de decisiones del equipo en su conjunto.[1] Si eres su jefe, puedes pedirle que desempeñe este papel. Si no lo eres, considera la posibilidad de buscar la perspectiva de tu colega cuando necesites una mirada más crítica sobre un proyecto en el que estás trabajando o una decisión que debas tomar.

- *Acepta las normas del equipo.* Aunque a veces es contraproducente señalar a alguien, puedes establecer normas para que todo el equipo intente dirigir al pesimista en la dirección correcta. Por ejemplo, podéis acordar en grupo que todo el mundo se pregunte antes de hablar: «¿Será útil este comentario?». También podríais acordar que la crítica vaya acompañada de una sugerencia sobre qué hacer en su lugar.

Algunas frases que puedes utilizar con un compañero pesimista

- «¿Qué tendría que ser cierto para que tuviéramos éxito?».

- «Si no estás contento con (persona, líder, proyecto), hablemos de los pasos que puedes dar para cambiar la situación. Tengo algunas ideas, pero me encantaría escuchar primero lo que piensas».

- «Hay una parte de mí que está de acuerdo contigo en que esto podría no funcionar. Y otra parte de mí cree que sí. Analicemos ambas perspectivas».

- «Se te da bien identificar los inconvenientes. ¿Qué podríamos estar pasando por alto aquí?».

El pasivo-agresivo

Cómo es

Malik no sabía qué hacer con Susan, su compañera de trabajo, que actuaba como si estuviera de acuerdo con una decisión en una reunión, pero luego dejaba caer la pelota y desviaba la culpa hacia él. Susan solía decir una cosa y hacer otra, mostraba un lenguaje corporal negativo, pero insistía en que todo iba «bien», y profería insultos que parecían cumplidos.

Por qué actúa así

Gabrielle Adams, profesora de la Universidad de Virginia que estudia los conflictos interpersonales en el trabajo, define *la pasividad agresiva* como la falta de franqueza a la hora de expresar lo que realmente se piensa y el uso de métodos indirectos para expresar los pensamientos y sentimientos. Esta actitud suele estar motivada por el miedo al fracaso o al rechazo, el deseo de evitar conflictos o un sentimiento de impotencia.

Tácticas que puedes probar

- *Evita etiquetarlos como pasivo-agresivos.* Es tentador llamar la atención directamente sobre el comportamiento, pero decir: «Deja de ser tan pasivo-agresivo» solo empeorará las cosas. Son palabras duras, y es raro que alguien esté dispuesto a reconocerlo o admitirlo. Lo más probable es que, si se lo reprochas, se enfade más y se ponga a la defensiva. En lugar de eso, intenta utilizar estrategias que te ayuden a entender mejor su punto de vista.

- *Céntrate en el mensaje subyacente, no en su comportamiento.* Intenta entender lo que tu colega está intentando decir realmente. ¿Cuál es la idea subyacente que intenta transmitir (aunque esté envuelta en un comentario sarcástico)? ¿Cree que la forma en que diriges un proyecto no funciona? ¿O no está de acuerdo con los objetivos del equipo? Recuerda que no todo el mundo se siente cómodo discutiendo abiertamente sus pensamientos y opiniones. Si puedes centrarte en la preocupación o pregunta subyacente de tu compañero de trabajo, en lugar de en la forma en que se expresa, es posible que puedas abordar el verdadero problema.

- *Crea un entorno seguro para una conversación sincera.* La psicóloga social Heidi Grant me dijo, en una entrevista para mi libro *Conecta*, que la mejor táctica es mostrar interés por la perspectiva de la otra persona, por muy difícil que te resulte escucharla. Podrías decir: «Escuché tus opiniones durante la reunión y las interpreté como... ¿Lo entendí bien?». La ventaja de abrir una conversación es que permite a la persona etiquetar su propio comportamiento y emociones. Si tu colega reconoce cómo se siente en realidad (aunque no hay garantías de que lo haga), estará un paso más cerca de romper el hábito de responder de forma pasivo-agresiva.

Algunas frases que puedes utilizar con un compañero pasivo-agresivo

- «Te he oído decir [resumen rápido], pero no estaba seguro de si querías decir otra cosa. ¿Hay algo que no estoy entendiendo?».

- «Me he dado cuenta de que te has apartado de la mesa (o has puesto los ojos en blanco). ¿Cuál es tu reacción ante esta discusión?».

- «Me he dado cuenta de que no has respondido a mis correos electrónicos. ¿Ocurre algo? No quiero entrometerme, pero quiero asegurarme de que todo va bien».

El sabelotodo

Cómo es

A Ray, el colega de Lucía, le encantaba hablar. Si alguien intentaba interrumpirle, simplemente levantaba la voz y hablaba por encima de los demás. Lucía interpretaba sus diatribas como si Ray dijera: «Yo sé lo que el equipo y la empresa necesitan, y todos los demás deberían limitarse a escuchar». Ray parecía convencido de que era la persona más inteligente de la sala y le encantaba decir a la gente lo que era «correcto», incluso cuando estaba claramente equivocado.

Por qué actúa así

La confianza puede ser algo bueno, pero la confianza sin competencias puede llevar a la gente a ignorar los comentarios, actuar con condescendencia y atribuirse el mérito de los éxitos del grupo. Algunos sabelotodo han adoptado este comportamiento para compensar sus sentimientos de inseguridad, aunque para otros ha sido fomentado por las normas de la empresa. En cualquier caso, los sabelotodo pueden socavar la cohesión del equipo y degradarte hasta el punto de perjudicar tu carrera.

Tácticas que puedes probar

- *Aborda las interrupciones.* Una forma de evitar las interrupciones es pedir a los asistentes que se abstengan de intervenir. Antes de empezar a hablar, explica cuánto tiempo (aproximadamente) vas a necesitar y di algo como: «Por favor, no hagáis comentarios ni preguntas hasta que haya terminado». Si no estás haciendo una presentación formal, sino que estás manteniendo un debate en el que se espera cierto intercambio de opiniones, puedes decir: «Las interrupciones me desconcentran, así que te agradecería que me dejara terminar mi exposición antes de intervenir». Si no consigues evitar las interrupciones, dirígete directamente a él. Pero no te limites a levantar la voz, pues eso creará una lucha de poder y es probable que tu colega hable más alto para intentar ahogar tu voz. En lugar de eso, di con confianza: «Voy a terminar mi punto y luego me encantaría escuchar lo que tienes que decir».

- *Pregunta por datos concretos.* Otro hábito de los sabelotodo es proclamar cosas que no tienen forma de saber con seguridad, como: «Dentro de un año, nadie hablará de esta recesión». Cuando esto ocurra, entiende que está bien pedir fuentes o datos que respalden sus declaraciones. Sé respetuoso, no confrontativo. Puedes decir algo como: «No estoy seguro de que estemos trabajando con los mismos supuestos y hechos. Demos un paso atrás y veamos los datos antes de continuar». Si no tiene datos, puedes incluso sugerir que los recojáis entre todos. Por ejemplo, si tu colega insiste en que los clientes odiarán una nueva característica del producto, ¿es factible realizar una breve encuesta entre los clientes?

- *Modelo de humildad.* Cualquier fanfarrón actúa como lo hace porque, implícita o explícitamente, ha recibido el mensaje de que proyectar confianza es lo que se espera de él en su equipo, en su organización o en la cultura de la que procede. Tú puedes ofrecer un modelo diferente mostrando humildad y apertura mental. Prueba a decir: «No lo sé» o «Ahora mismo no tengo esa información; déjame que lo consulte y te llamo». Si el sabelotodo ve que no sufres consecuencias por expresar incertidumbre, puede que esté dispuesto a hacer lo mismo.

Algunas frases que puedes usar con un compañero sabelotodo

- «Te agradecería que respetaras que sé lo que hago. Valoro tu opinión, y sin duda te la pediré cuando la necesite».

- «Las interrupciones me desconcentran, así que te agradecería que me dejaras terminar mi exposición antes de intervenir».

- «Voy a continuar, y trataré el tema cuando termine».

- «Cuéntame de dónde proceden tus percepciones».

• • •

Muchos de los consejos que aquí se dan requieren que seas «el adulto de la sala». Y puede que te preguntes por qué debes hacer tú todo el trabajo si tu colega es el que causa los problemas. La verdad es que no eres tú quien debe cambiar el comportamiento de otra persona, y a menudo no podrás hacerlo. Lo que sí puedes cambiar es tu forma de abordar las relaciones que son fundamentales en tu vida laboral. Te darás cuenta de que, a veces, probar algo nuevo, incluso algo pequeño, puede cambiar la dinámica entre tú y un compañero de trabajo que te saca de quicio. Esperamos que, con estos consejos, puedas poner más fácilmente los conflictos laborales en su sitio, liberando tiempo valioso y capacidad mental para las cosas que realmente te importan.

Breve resumen

Crear una relación con un compañero complicado puede parecer difícil, pero es una habilidad que se puede aprender. A veces, probar algo nuevo, por pequeño que sea, puede cambiar la dinámica entre tú y un compañero que te saca de quicio:

- Si estás tratando con un pesimista, intenta reconocer y replantear sus quejas, utilizar su perspectiva como una herramienta positiva y acordar normas de equipo.

- Si estás tratando con un compañero pasivo-agresivo, evita usar tal etiqueta. Intenta centrarte en su mensaje subyacente y deja espacio para una conversación sincera.

- Si te enfrentas a un sabelotodo, intenta responder a sus interrupciones, pedirle datos concretos y demostrarle humildad.

¿Quieres saber más sobre cómo trabajar con un compañero pasivo-agresivo? Mira este vídeo de HBR:

8

¿Eres nuevo en el equipo? Cómo generar confianza (a distancia)

Todo se reduce a competencia, benevolencia e integridad

por Ruchi Sinha

No es fácil generar confianza. Se desarrolla lentamente, normalmente después de que tú y otra persona hayáis podido interactuar y evaluar el carácter del otro. Si todo va bien, empiezas a sentirte psicológicamente seguro y a confiar en el otro. Pero el trabajo a distancia ha dificultado este proceso.

En la actualidad, muchos de nosotros interactuamos a través de una pantalla y trabajamos en equipos híbridos con personas repartidas por en todo el mundo. No tenemos el lujo de observar regularmente a nuestros compañeros en persona, lo que dificulta calibrar sus intenciones, valores y carácter (y viceversa).

Esto es un problema. En cualquier tipo de entorno laboral se necesita confianza por todo tipo de razones. Es posible que sin ella

55

no te sientas cómodo aportando todo tu ser al trabajo. Tus compañeros y tú podéis tener dificultades para apoyaros mutuamente o compartir abiertamente ideas y opiniones, lo que puede dar lugar a errores de comunicación perjudiciales, a una disminución de la productividad y a un miedo a asumir riesgos que podrían ayudarte a aprender y a crecer en tu carrera profesional.

Como académica, he estudiado la confianza en muchos contextos diferentes, entre ellos cómo se reconstruye tras un conflicto y cómo influyen en ella las emociones que expresamos durante las negociaciones. A través de mi propio trabajo, así como de numerosas lecturas, he aprendido que la forma en que juzgamos la fiabilidad de los demás es fundamentalmente la misma, independientemente del tipo de relación. Hay formas de generar y mantener la confianza si se saben enviar y recibir las señales adecuadas.

La competencia, la integridad y la benevolencia son tres de los indicadores más legibles de la confianza.[1] La buena noticia es que puedes mostrarlos tanto si estás en persona como a distancia, y que puedes fomentarlos en tu equipo.

Competencia

La *competencia* es la capacidad de hacer algo con eficacia y éxito. Cuando los demás te perciben como una persona competente, creen que tienes la capacidad y los conocimientos necesarios para hacer lo que dices que vas a hacer. Esto les permite percibirte como una persona fiable y predecible, factores esenciales para generar confianza. Algunas cosas que puedes hacer para demostrar tu competencia son:

- *Sé organizado y planifica.* Antes de las reuniones de equipo, haz los deberes y estudia el orden del día. Preséntate con una lista de preguntas, investigaciones o soluciones que puedan interesar a las partes interesadas en el proyecto. Tus compañeros verán que eres un jugador de equipo preparado, motivado y organizado.

- *Demuestra fiabilidad y coherencia.* Sé coherente en los mensajes que transmites. Si has dicho que no a cumplir un plazo a un miembro del equipo, no cambies a un sí cuando otro te lo pida. Si tienes comentarios críticos sobre un proyecto, no se los cuentes a un compañero y ocultes tus preocupaciones a otro; las personas asocian intrínsecamente la coherencia y el compromiso con la fiabilidad. Trata a todo el mundo con justicia y asegúrate de que tu comportamiento coincide con tus valores.

- *Piensa bien lo que prometes.* No prometas cosas que no tengas tiempo o motivación para cumplir. Evita prometer más de la cuenta y no cumplir lo prometido (como acordar un plazo de dos días cuando, en realidad, tardarás una semana en hacerlo). Cuando hables con tus compañeros de equipo, evita hacer declaraciones genéricas de apoyo («Sí, buena idea. Deberíamos hacer algo al respecto»). En su lugar, ofrece formas prácticas de apoyarles cuando te gusten sus ideas («Oye, me encanta esa idea. Estaré encantado de ayudarte a elaborar un plan de acción la semana que viene»). Del mismo modo, si no estás de acuerdo con una idea, sé sincero y no ofrezcas un apoyo inauténtico solo para evitar una conversación difícil.

- *Sé predecible y confiable.* Crea transparencia en torno a tus acciones explicando tus motivos, valores y criterios. Por ejemplo, cuando propongas ideas a tus colegas, puedes decir: «Esto es lo que creo que deberíamos hacer. Centrémonos en X. La razón por la que sugiero esto es porque he considerado los factores A, B y C. Aquí están mis suposiciones y razones para elegir X en lugar de otras opciones. Estoy abierto a comentarios y me encantaría que opinarais sobre el mejor camino a seguir».

Benevolencia

La *benevolencia* es la cualidad de ser bienintencionado y preocuparse por los intereses de los demás. Los demás confiarán en ti en la medida en que crean que te preocupas por sus intereses y estás dispuesto a ir más allá de tus propias necesidades para asegurarte de que se satisfacen las de tu equipo. Algunas cosas que puede hacer para demostrar tu benevolencia son:

- *Identifica similitudes.* La gente estará más abierta a tus ideas si siente que tus valores coinciden con los suyos. Intenta identificar las ideas y objetivos que tú y tus compañeros de equipo compartís entablando con ellos conversaciones genuinas. Por ejemplo, cuando alguien comparta un detalle sobre su vida al comienzo de una reunión, intenta relacionarte con él compartiendo algo tuyo. Cuando alguien te pregunte cómo te va, aprovecha la oportunidad para entablar una conversación auténtica. Sé sincero sobre los retos y dificultades a los que te enfrentas y responde a las preguntas. Por último, cuando hables de tus ideas, vincúlalas a tus valores. Esto dará a los demás la oportunidad de establecer conexiones más profundas contigo. Cuanto más entiendan tus compañeros de dónde vienes, más probable será que te apoyen.

- *Muestra bondad y compasión.* Los pequeños gestos marcan una gran diferencia. Durante los encuentros informales o las conversaciones por Slack o mensajería instantánea, tómate el tiempo necesario para preguntar a tus compañeros cómo están y muéstrate realmente interesado. La gente te verá como alguien que se preocupa por los demás. Por ejemplo, puedes ayudar a un compañero que tiene una emergencia familiar o elogiar su trabajo en la próxima reunión de equipo. Cuando los demás te ven como alguien que muestra amabilidad y compasión, es más probable que interpreten lo que dices de forma positiva y crean que eres más digno de confianza.

- *Muestra moderación.* Ten cuidado con las palabras que eliges. Durante las reuniones, asegúrate de que tus comentarios no sean despectivos. Evita las burlas y las miradas de soslayo, por muy desinteresado que estés. No domines la conversación; en lugar de eso, asegúrate de que todo el mundo tiene la oportunidad de hablar. Y evita los cotilleos: si un compañero de equipo ha compartido información personal contigo, no te corresponde a ti compartirla con los demás. Hay que cuidar la privacidad en el trabajo. Ten en cuenta la gestión de los límites personales y profesionales para que te puedan confiar información sensible.

Integridad

La *integridad* es el grado de adhesión a los principios morales y de honradez. La integridad es difícil de juzgar, pero es fundamental para generar confianza. Muchos comportamientos en el trabajo se consideran instrumentales y estratégicos, por lo que la gente puede no estar segura de si tus acciones se basan en valores sinceros o en una mera fachada. Cuantas más oportunidades tengas de articular tus valores explícitamente y de permitir que los miembros de tu equipo los vean en acción, más probable será que confíen en ti.

- *Demuestra lealtad.* Encuentra formas de mostrar tu apoyo y lealtad a los miembros de tu equipo. Como nuevo miembro, puedes mostrar lealtad respaldando la reputación de tu equipo ante terceros, defendiendo su visión y misión, y actuando en interés de los objetivos del equipo más que de los tuyos propios. Si tu jefe te elogia por una presentación que has elaborado con otros tres miembros del equipo, reconoce también su mérito. En lugar de decir «Gracias, he trabajado mucho en ella», puedes decir: «Gracias. Me gustaría agradecer toda la ayuda que recibí de X, Y y Z».

- *Escucha.* Al escuchar y tener en cuenta los puntos de vista de tus compañeros antes de tomar decisiones, demuestras que eres reflexivo y deliberado, en lugar de impulsivo e indiferente. Por ejemplo, si estás en desacuerdo con algún aspecto, en lugar de plantear un contraargumento primero tómate el tiempo de escuchar a tu compañero. Intenta comprender su punto de vista. Haz preguntas aclaratorias y luego expón tu punto de vista. Puedes decir: «A mi modo de ver, quieres decir X». Esto demuestra que has escuchado sus argumentos y que quieres entenderlos antes de reaccionar, y no solo ganar la discusión por ganar.

- *Muestra «civismo».* Intenta ir más allá de tus obligaciones para hacer personalmente mejor lo que se espera de ti y ayuda a los demás a alcanzar la excelencia. Por ejemplo, podrías tomar la iniciativa de actuar de forma prosocial ofreciéndote a enseñar habilidades que puedan mejorar el rendimiento de tus compañeros en el trabajo. ¿Eres un experto en Excel? Dirige una miniclase magistral para tus compañeros.

● ● ●

Los equipos de éxito se crean trabajando en equipo, y para ello la confianza es clave. Demuestra a tus compañeros que mereces su confianza mostrando competencia, integridad y benevolencia. Sé coherente y busca la coherencia en las acciones de tus compañeros. Así es como desarrollarán creencias estables sobre tu carácter y cómo podrás medir si merece la pena o no invertir tu tiempo y confianza en ellos.

Breve resumen

Los acuerdos de trabajo a distancia e híbridos pueden dificultar la lectura de las intenciones, los valores y el carácter de tus compañeros. Para generar confianza, sobre todo si eres nuevo en un equipo, empieza por mostrar tres indicadores clave de confianza y búscalos en los miembros de tu equipo:

- **Competencia.** Cuando los demás te ven competente, creen que tienes las habilidades y los conocimientos necesarios para hacer lo que dices que harás.

- **Benevolencia.** La gente confiará en ti en función de cuánto crean que te preocupas por sus intereses y estás dispuesto a asegurarte de que se satisfacen las necesidades del equipo.

- **Integridad.** Busca oportunidades en las que puedas actuar en consonancia con tus valores para que los demás sean conscientes de tus inclinaciones.

¿Quieres saber más sobre cómo crear y reparar la confianza en el trabajo?
Mira este vídeo de HBR:

9

Cómo hacer amigos en el trabajo sin importar la edad

Te proporcionarán una comunidad y te harán mejor empleado

por Jeff Tan

Cuando me entrevistaron para mi primer trabajo, me centré únicamente en impresionar a los responsables de RR. HH. Conseguir una oferta era la prioridad, y todo lo demás pasaba a un segundo plano. En lo que no pensaba era en cómo sería mi vida después de conseguir el puesto. No fue hasta mucho más tarde cuando me di cuenta de lo importantes que habían llegado a ser las relaciones que había establecido con mis compañeros de trabajo. No solo me proporcionaron una comunidad, sino que también me hicieron un mejor empleado.

Los trabajadores más jóvenes de hoy parecen estar un poco más en sintonía con lo que quieren en un trabajo (más allá de la función y el salario) de lo que yo lo estaba al principio de mi carrera. En una reciente encuesta a más de doscientas personas de la generación Z, los participantes afirmaron que tener un sentido de comunidad (junto con tiempo libre remunerado y días de salud mental) es esencial para ellos en el trabajo, algo que a mí me llevó varios años valorar.[1]

Al mismo tiempo, los recién licenciados que se inician en su primer trabajo pueden encontrarse con que no es tan fácil formar una «comunidad» sólida. En la actualidad, la población activa está formada por cinco generaciones, y, si acabas de incorporarte al mundo laboral, lo más probable es que lo hayas hecho en una empresa con personas mucho mayores que tú.

Algunos de tus compañeros de trabajo pueden estar bien establecidos en sus carreras. Otros pueden estar en etapas completamente diferentes de tu vida: casándose, formando una familia o comprando su primera casa. Todos no van en la misma dirección y tampoco todos están interesados en establecer relaciones con sus compañeros.

Pero no te desanimes, siempre hay oportunidades increíbles de tutoría y amistad si buscas a las personas interesadas en ello.

Para establecer relaciones satisfactorias con compañeros de trabajo de más edad, prueba algunos de los métodos que me han funcionado a lo largo de mi carrera. Puedes aplicarlos antes de decidir si una organización es adecuada para ti o utilizarlos para crear vínculos más profundos con tus compañeros después de aceptar un puesto.

Examina la dinámica del equipo durante el proceso de selección

El primer paso para construir relaciones sólidas en el trabajo es asegurarse de que la cultura de la empresa está diseñada para fomentarlas. Hacer las preguntas adecuadas durante el proceso de entrevista puede revelar mucho.

Para prepararte, dedica un tiempo antes a reflexionar sobre los aprendizajes o experiencias laborales positivas y negativas que has tenido en el pasado. ¿Qué tipo de relaciones valorabas más? ¿Serás capaz de establecerlas en tu nuevo equipo? Escribe algunas preguntas directas, siendo lo más intencionado y específico posible.

Por ejemplo, cuando decidí dejar mi primer trabajo como consultor estratégico en ciencias de la vida, dediqué algún tiempo a reflexionar sobre lo que era y lo que no era importante para mí en el trabajo. Hice balance de todas las relaciones que había cultivado y descubrí que estaba dispuesto a trabajar mucho más y durante mucho más tiempo para apoyar a las personas con las que tenía vínculos más fuertes. Recuerdo que me encargué de un proyecto adicional y saqué tiempo de mis fines de semana para apoyar a un jefe que se había convertido en mi mentor. No tenía por qué asumir el proyecto, pero quería apoyarlo. Eso, junto con la experiencia y la exposición adicionales, hizo que mereciera la pena.

Sabiendo esto, pude buscar una experiencia similar en mi siguiente puesto haciendo preguntas parecidas a las siguientes:

- ¿Cuál es su filosofía de liderazgo?, ¿qué es lo más valioso para usted como directivo?

- ¿En qué tipo de recursos ha invertido para ayudar a cultivar una dinámica de equipo positiva?

- ¿Valora (o valora su jefe) la creación de relaciones en todos los grupos de edad?

- ¿Tiene su empresa un programa de mentores?

- Según su opinión, ¿cómo influye en el rendimiento el establecimiento de vínculos sólidos con los compañeros de trabajo?

Escucha atentamente las respuestas. Tú mismo podrás determinar si las respuestas van más allá de las generalidades y se ajustan realmente a tus necesidades. ¿Los directivos de la empresa son conscientes de los muchos beneficios que aporta la camaradería al rendimiento del equipo? Aunque sus respuestas no sean perfectas, puede que veas potencial.

Crea oportunidades para conectar con compañeros de trabajo mayores

¿Y si ya has aceptado una oferta? ¿Cómo empezar con buen pie con los compañeros más veteranos?

El primer paso es tener una mentalidad adecuada. Es fácil descartar las relaciones intergeneracionales y creer que no podemos conectar con personas mayores que nosotros. Al fin y al cabo, venimos de generaciones diferentes, y tenemos experiencias que se traducen en prioridades, creencias y valores distintos.

Además, cuanto más veterano sea un colega, más influencia y poder tendrá. Es posible que sientas una presión añadida para parecer bien informado o impresionante cuando hables con ellos. Esto puede intimidarte, pero no limites tus interacciones a conversaciones superficiales o transaccionales. Puede que no te des cuenta, pero tus compañeros de más edad pueden sentirse igualmente intimidados por ti.

Prueba a utilizar las sugerencias que te ofrecemos a continuación para ayudarte a superar estos sentimientos:

Piensa en tus compañeros de trabajo de más edad como si fueran iguales. Ver a tus compañeros de trabajo como iguales te ayuda a cambiar tu narrativa interna y a eliminar parte de la presión que puedes sentir para impresionarles. Cuando cambies tu perspectiva de este modo, te resultará más fácil ser auténtico e iniciar conversaciones más orgánicas. Aunque la forma de relacionarte con cada persona variará, personalmente he descubierto que compartir el sentido del humor ayuda. Dicho esto, para no parecer demasiado fuerte, la mejor manera de empezar es haciendo preguntas: «¿Cómo has llegado a tu puesto actual? ¿Qué aficiones te interesan?». Estos sencillos temas de conversación pueden ayudarte a encontrar puntos en común.

Organiza reuniones periódicas (quincenales, mensuales o trimestrales). Un café mensual o un encuentro virtual es una forma estupenda de conocer a alguien a nivel personal. Pero ten cuidado de no compartir demasiado pronto. A veces pensamos que compartir puede ayudar a acelerar una conexión, pero en el entorno laboral suele ser mejor dejar que el nivel de comodidad crezca con el tiempo. Sin embargo, después de crear una base de confianza, puedes aprovechar estas oportunidades para intercambiar ideas e incluso inspiraros mutuamente. Una vez que ambos estéis más comprometidos, vuestra relación puede llegar a ser mutuamente beneficiosa en el trabajo (y más allá).

Escucha con atención cuando hablen. La idea es recordar los temas, intereses y valores que son importantes para tus colegas como harías con un buen amigo. Esto demuestra que te preocupas por ellos y que te interesan de verdad. Es difícil recordar todos los detalles, así que, si necesitas apuntar cosas en una libreta para recordarlas en futuras conversaciones, ¡hazlo!

Sé consciente de que no todo el mundo va a ser tu amigo

Intenta no desilusionarte si no conectas de forma natural con alguien a quien admiras. Al igual que en la vida, en el trabajo conectarás mejor con unas personas que con otras. Puede que acabes entablando amistad en la oficina con unos pocos elegidos y tengas relaciones de trabajo más profesionales con el resto. No son mutuamente excluyentes, pero puede ser útil entender la diferencia.

- Las *amistades de oficina* suelen estar arraigadas en intereses personales compartidos y pueden alimentar un sentimiento de comunidad y pertenencia al trabajo. Por ejemplo, en mi último trabajo me hice muy amigo de una auxiliar administrativa. Más tarde esa persona se convirtió en mi mentora, no en el sentido profesional, sino en el personal. Me transmitió lecciones de vida que siguen dando forma a lo que hoy soy.

- Las *relaciones laborales* suelen estar arraigadas en intereses profesionales compartidos y pueden ayudarte en tu desarrollo profesional. Un ejemplo que me viene a la mente es la sólida relación de trabajo que desarrollé con un comercial de mi antigua empresa. Esta persona sobrevivió a un cáncer y conectamos por nuestra pasión por sacar al mercado nuestro medicamento farmacéutico más reciente. Mi madre también había sobrevivido a un cáncer, así que los dos estábamos decididos a ayudar al mayor número posible de enfermos. Nuestra relación dio lugar a muchas oportunidades profesionales que hicieron avanzar mi carrera.

Ambos tipos de relaciones son valiosas y merecen la pena.

Pide consejo e invierte en el desarrollo de mentores

Muchos empleados veteranos disfrutan con la tutoría. Para ellos, transmitir las lecciones que han aprendido a lo largo de su carrera es una recompensa en sí misma. Una vez que te hayas asentado cómodamente en tu nuevo puesto y hayas hecho algunas conexiones, empieza a aprovechar las más significativas en tu beneficio.

Piensa en tus colegas más veteranos como recursos que pueden ayudarte a resolver los problemas a los que te enfrentas en el trabajo. Pregúntales cómo abordarían situaciones que te resultan difíciles. Aquellos que se muestren entusiastas a la hora de compartir sus consejos pueden tener potencial como mentores o patrocinadores, quienes no solo te ayudarán a desarrollarte profesionalmente. También necesitas defensores en puestos de responsabilidad para crear influencia y capital social dentro de tu organización.

• • •

Aunque al principio estos pasos puedan parecer abrumadores o intimidatorios, no cejes en tu empeño. A veces, el reto de establecer contactos en el trabajo puede llegar a ser tan grande como para que nos sintamos aislados e incluso nos planteemos dejar el trabajo. Al final, no se puede forzar una relación. Vas a conocer a compañeros de trabajo, sobre todo mayores, que no van a estar tan interesados en conectar como tú, pero también habrá gente que esté dispuesta a hacer el esfuerzo, y esas relaciones pueden cambiarte la vida. Persíguelas.

Breve resumen

Puede ser difícil relacionarse con compañeros de trabajo mayores o que se encuentran en etapas diferentes de tu vida profesional, pero fortalecer esas relaciones puede conducirte a un entorno de trabajo más satisfactorio, ofrecer oportunidades y hacerte mejor en tu trabajo. Prueba estas estrategias:

- Cuando tengas una entrevista para un nuevo puesto, haz preguntas para conocer la opinión del equipo sobre la dinámica y la cultura de la edad.

- Reformula tu visión de las relaciones con los compañeros de más edad y crea oportunidades para conectar con ellos. Piensa en ellos como compañeros de más edad, organiza encuentros individuales y escucha.

- Sé consciente de que las amistades laborales y las relaciones de trabajo son diferentes y que ambas pueden ser valiosas.

- Pide consejo e invierte en desarrollar mentores.

¿Quieres saber más sobre por qué merece la pena tener amigos en el trabajo? Escucha este episodio de *HBR IdeaCast*:

10

Sí, es posible hablar (con gracia) de política en el trabajo
Mantén buenas relaciones sin enterrar tus valores

por Raina Brands

Hace varios años, ABC News publicó un vídeo musical de Will.I.Am destinado a aumentar la participación electoral en las elecciones presidenciales estadounidenses de 2008.[1] El vídeo, *Yes We Can*, se hizo rápidamente viral y se convirtió en un llamamiento a los que apoyaban la campaña de Barack Obama.

Dos de mis compañeros de trabajo tuvieron reacciones muy distintas ante el vídeo. Emma entró en mi despacho al final de un largo día y me contó sin aliento que había estado escuchando la canción una y otra vez. Le había inspirado para plantearse seriamente dejar su trabajo y hacer campaña por Obama a tiempo completo. Al día siguiente vi a otro compañero de trabajo, Logan, discutiendo apasionadamente con Emma sobre el vídeo. «Todo es un montaje y música —le gritó—. ¿Dónde está el mensaje de fondo?». Emma puso los ojos en blanco y se marchó.

En aquel momento me sorprendió que un vídeo musical pudiera producir una discusión emocional tan fuerte entre dos de mis compañeros, pero, a medida que aumentan las divisiones políticas en todo el mundo, este tipo de conflictos son cada vez más frecuentes.

Es posible que hayas tenido desacuerdos con tus compañeros de trabajo sobre tareas, sobre cómo debes responder a un cliente o sobre qué pasos dar a continuación en un proyecto, pero, al fin y al cabo, el trabajo es el trabajo y no suele ser personal.

Los conflictos políticos, en cambio, sí son personales. Suelen cuestionar nuestros valores y alterar nuestro equilibrio emocional.

Seguro que has oído las expresiones «El enemigo de mi enemigo es mi amigo» o «El amigo de mi amigo es mi amigo». Estos refranes proceden de *la teoría del equilibrio,* que explica cómo el acuerdo mutuo sobre sentimientos, actitudes y creencias puede conducir a la formación de relaciones positivas. Pero la expresión «El amigo de mi amigo es mi amigo» no solo se aplica a otras personas, sino también a objetos sociales como los valores.

Por ejemplo, si te identificas con fuerza como políticamente liberal, puede que descubras que muchos de tus amigos también lo son, y viceversa. Así que, si descubres que un compañero de trabajo que te agrada no está de acuerdo con uno de tus valores más identificados, se produce una gran tensión emocional. Los estudios sobre las relaciones sociales demuestran que resolvemos esta tensión de dos maneras: cambiando nuestros valores o cambiando nuestras relaciones.[2] Ninguno de los dos resultados es deseable en el lugar de trabajo, porque hay que ser capaz de trabajar bien con todo tipo de personas a pesar de tener creencias divergentes.

Suponiendo que queramos aferrarnos a nuestros valores fundamentales en el trabajo *y* mantener buenas relaciones laborales, ¿qué podemos hacer?

La respuesta es sorprendentemente sencilla: mantener una conversación. No siempre será fácil, pero ten por seguro que hay formas de afrontar con elegancia un debate sobre política en el trabajo.

Empieza por escuchar. Cuando se cuestionan nuestros valores, es difícil resistirse al impulso de hablar y «corregir» las opiniones de los demás. Sin embargo, un enfoque más productivo es empezar por escuchar a tu compañero de trabajo. No me refiero solo a esperar a que termine de hablar antes de compartir tu punto de vista, sino a *explorar* a fondo su punto de vista. Haz preguntas abiertas (por ejemplo, las que empiezan por cómo, qué, por qué). Es importante expresar interés, así que prueba a utilizar frases como:

- «Nunca había pensado en esta perspectiva, ¿puedes explicarme algo más?».

- «Veo que te preocupa mucho este tema, ¿por qué es tan importante para ti?».

- «Es una idea interesante, ¿cómo has llegado a esa conclusión?».

Cuando hayas explorado su punto de vista, resume lo que has oído para comprobar que le has entendido correctamente. Se trata de parafrasear lo que ha dicho, no de estar necesariamente de acuerdo con él (por ejemplo: «A ver si lo he entendido. Tú crees...»).

Escuchar, por supuesto, resulta difícil cuando se cuestionan tus valores, pero adoptar este enfoque marca la pauta para el resto de la conversación. Al escuchar, envías el mensaje de que su punto de vista es válido (aunque no estés de acuerdo con él) y creas una norma de interacción que le animará a escuchar y explorar tu punto de vista a cambio.

Reformula los temas que son importantes para ti. Afortunadamente, ahora que has escuchado de verdad a tu compañero de trabajo, entiendes sus valores. Esto es esencial si alguna vez quieres cambiar su punto de vista (si ese es tu objetivo). Cuando intentamos convencer a otras personas de nuestras ideas, a menudo enmarcamos nuestros argumentos a través de la lente de nuestros propios valores. Pero, cuando la gente no comparte nuestras creencias, no se dejará convencer por argumentos basados en ellas. Los estudios demuestran que, cuando las cuestiones partidistas se reformulan a través de los valores que preocupan a los grupos contrarios, esos grupos aumentan su apoyo.[3]

Este planteamiento también te puede funcionar. Por ejemplo, en Estados Unidos demócratas y republicanos discrepan a menudo sobre el gasto militar. Los republicanos han defendido tradicionalmente la expansión del ejército, argumentando que el ejército unifica a la sociedad estadounidense y garantiza que Estados Unidos mantenga su posición en la escena mundial. Los demócratas tienden a discrepar, pues consideran que esta justificación es excesivamente belicista. Sin embargo, cuando el gasto militar se enmarca dentro de las oportunidades de movilidad social para las personas procedentes de entornos desfavorecidos, los demócratas aumentan su apoyo al gasto militar.[4]

Termina con un acuerdo. Ahora que habéis replanteado la cuestión desde el punto de vista de los valores de cada uno, explora las áreas en las que estáis de acuerdo. Por ejemplo, puede que ambos estéis de acuerdo en que el acceso a la atención sanitaria debe ampliarse (aunque no estéis de acuerdo en cómo) y en que cualquier candidato a un cargo político que pretenda reducir el acceso a la atención sanitaria es poco probable que reciba alguno de vuestros votos. De nuevo, frases sencillas como «Parece que estamos de acuerdo en...» o «La coincidencia entre nuestros puntos de vista es...» es todo lo que se necesita.

Terminar con un acuerdo es importante para restablecer el equilibrio emocional que sientes hacia la otra persona y reducir la tensión entre vosotros. Es poco probable que salgáis de la conversación habiendo resuelto todas vuestras diferencias, pero, si encontráis *algún* punto de acuerdo, saldréis de la charla sobre una base común y dejaréis espacio para otra conversación de colaboración en el futuro.

Recuerda que aquí también hay una advertencia: en el lugar de trabajo pueden darse distintos tipos de discusiones políticas. Los tipos de conversaciones que he descrito anteriormente pueden hacer que nos enfademos, pero no amenazan nuestra existencia ni nuestra comodidad en el trabajo; sin embargo, otras pueden llegar a ser hostiles o irrespetuosas contigo o con tus compañeros BIPOC (personas negras, indígenas o de color) o LGBTQ+. Si ese es el caso, deberías iniciar una con tu jefe o con recursos humanos.

• • •

En general, la diversidad de valores, pensamientos y opiniones es una parte esencial del lugar de trabajo. Relacionarse con personas que tienen puntos de vista muy diferentes a los nuestros puede suscitar nuevas ideas y percepciones, pero este potencial se pierde cuando la diversidad de valores genera malentendidos y conflictos. En última instancia, la responsabilidad de forjar relaciones de trabajo productivas con personas con valores diferentes recae en los individuos y empieza con una conversación.

Breve resumen

A medida que aumentan las divisiones políticas en todo el mundo, los conflictos entre compañeros de trabajo son cada vez más frecuentes. Si no estás de acuerdo con las ideas políticas de un compañero, es importante que ello no afecte negativamente a vuestra relación laboral. Para hacerlo sin comprometer tus valores, mantén conversaciones con él:

- Comienza la conversación escuchando a tu compañero y explorando su punto de vista.

- Si tu objetivo es hacer cambiar de opinión a tu compañero de trabajo, asegúrate de replantear la cuestión de una manera con la que se sienta identificado.

- Termina la conversación con un acuerdo, dejando abierta la oportunidad de mantener más conversaciones de colaboración en el futuro.

¿Quieres saber más sobre cómo estar en desacuerdo con alguien más poderoso que tú? Mira este vídeo de HBR:

11

No se puede permanecer al margen de la política de la oficina
Pero puedes utilizarla para tu beneficio

por Niven Postma

Durante más de dos décadas, trabajé como ejecutivo en empresas, organizaciones sin ánimo de lucro y el sector público. A lo largo de esos años llevé mi negativa a participar en la política de oficina como una insignia de honor. A cualquiera que quisiera escucharme (y quizá a algunos que no), le decía: «No tengo estómago para todo eso. La política es espantosa, peligrosa e innecesaria, y yo soy demasiado directo para todos los subterfugios que requiere. No vengo a trabajar para jugar, sino para hacer cosas».

Teniendo en cuenta mi planteamiento, no es de extrañar que me encontrara totalmente desprevenido y fuera de mí cuando, varios años después de empezar mi carrera, me despidieron. No fue porque mi rendimiento fuera malo o porque no cumpliera mis objetivos, sino porque había descuidado las relaciones con personas que tenían poder para defender mi puesto.

Me despidieron con el pretexto de recortar el presupuesto, pero en realidad me habían despedido de forma elegante y costosa, sin preguntas ni reproches, porque alguien con autoridad quería que me fuera. Este es un ejemplo de la peor política de oficina.

La experiencia me hizo darme cuenta de que mi enfoque sobre la política de oficina necesitaba actualizarse. Ya era hora de que me volviera un poco más *políticamente* inteligente en el trabajo. Así que me sumergí en el tema: leí todos los artículos, libros y estudios que caían en mis manos, y busqué la orientación profesional de un colega ejecutivo reconvertido en *coach*.

Cuanto más aprendía, más reflexionaba sobre mi carrera. Aunque tuve mucho éxito, también perdí muchas oportunidades y fracasé muchas veces por mi falta de formación en política de oficina. Este no es un tema que se trate en la mayoría de las universidades o escuelas de negocios, a pesar de que es esencial para sobrevivir (y prosperar) en cualquier entorno laboral.

Por eso, en mi trabajo actual como consultor global, he convertido en una prioridad la formación de profesionales, en todas las etapas de sus carreras, sobre política organizativa y cómo desenvolverse en el trabajo.

Entender los mitos

A pesar de todas las connotaciones negativas, la política de oficina no es intrínsecamente mala. En realidad solo se trata de dos cosas, influencia y relaciones, y el poder que estos dos aspectos te dan o no te dan. Tras haber dado conferencias sobre política organizativa a miles de empleados de todo el mundo, he descubierto cinco mitos tan extendidos y perjudiciales como ingenuos, y tan universales como erróneos. Si estás empezando tu carrera laboral y crees que es mejor no meterse en política, deberías aprender la verdad cuanto antes.

Mito 1: Puedes ser una buena persona o puedes jugar a la política

En cada conferencia o curso que organizo, empiezo pidiendo a los asistentes que utilicen tres palabras para describir la política en la oficina. En todos los casos, el 99 % de las palabras son negativas. *Tóxica, frustrante, peligrosa, desmotivadora, agotadora, injusta, innecesaria, camarillas* y *cotilleo* casi siempre salen a la superficie. La semana pasada, un empleado utilizó la palabra *desgarradora*.

El hecho de que estas sean las palabras que asociamos con la política de oficina explica por qué este primer mito está tan extendido. ¿Cómo es posible que alguno de nosotros se dedique a cosas que se consideran tóxicas y peligrosas, o como mínimo poco éticas y desagradables, si nosotros mismos no somos tóxicos, peligrosos, poco éticos ni desagradables?

Este mito se basa en una comprensión incompleta y unilateral de lo que son realmente las políticas de oficina. Aunque estas políticas pueden utilizarse de forma ética o no ética, en el fondo no son más que una serie de esfuerzos informales, no oficiales y, a veces, entre bastidores, que se producen en todas las organizaciones cuando las personas se posicionan a sí mismas, sus intereses, sus equipos y sus prioridades para conseguir que se lleven a cabo determinadas cosas.

Por ejemplo, supongamos que se acerca una gran reunión en la que las partes interesadas de tu empresa van a decidir en qué proyectos invertir, incluido el tuyo. Si eres un experto en política de oficina, sabrás que, para que aprueben tu proyecto, primero tienes que entender las prioridades y perspectivas de esas partes interesadas. Tienes que relacionarte con ellos de antemano y saber qué buscan para poder presentar tu idea de forma más persuasiva.

Este es un ejemplo de cómo la política de oficina puede utilizarse éticamente para obtener una ventaja.

Aun así, la política destructiva y negativa también puede existir, y de hecho existe. En la misma situación anterior, si tú difundieras un rumor sobre la falta de pruebas científicas del proyecto de tu colega para que el tuyo fuera elegido por encima del suyo, estarías haciendo un uso poco ético de la política.

Al pintar todas las actividades políticas con el mismo pincel, ignoramos el potencial de la política constructiva, es decir, la gama de actividades perfectamente éticas y apropiadas que sirven para fortalecer las relaciones de apoyo, ampliar la influencia y crear una base poderosa que permita, a ti y a tu equipo, ser más eficaces.

Mito 2: Se puede escapar de la política de la oficina

La política organizativa es ineludible. Hace unos años, compartía esta realidad con un grupo de jóvenes directivos. Uno de ellos estaba visiblemente preocupado por lo que estaba diciendo, así que le pedí que compartiera lo que estaba pensando:

—Me cuesta aceptar que nunca habrá un lugar en el que no tenga que lidiar con la política. Seguro que tiene que haber algún sitio.

—¿Como dónde? —pregunté.

—Bueno, ¿y una ONG? ¿O una iglesia? Ya sabes, lugares donde la gente trabaja por el bien del mundo. Seguro que allí no hay política.

Reprimí una carcajada y, a modo de respuesta, le conté la historia de una amiga mía que había sido pastora de una iglesia. Después de dirigir una congregación durante unos diez años, decidió dedicarse a los negocios. Lo único que realmente le preocupaba al hacer la transición era la temida «política corporativa» de la que le advertían sus colegas y de la que se quejaban repetidamente sus amigos empresarios. Sin inmutarse, pero todavía bastante nerviosa, dio el salto a una gran empresa de auditoría, y al cabo de unos meses yo estaba impaciente por saber cómo le iba:

—Me encanta —me dijo mientras tomábamos un café.

—¿Qué pasa con la política? ¿La llevas bien? —le pregunté.

—¿Política? ¿Me tomas el pelo? La política empresarial *no es nada* comparada con la política eclesiástica.

En su libro *Reframing Organizations* (Reformulando organizaciones), Lee G. Bolman y Terrence E. Deal dan en el clavo al afirmar: «La cuestión no es si las organizaciones tendrán política, sino qué tipo de política tendrán».[1] Como seres humanos, somos criaturas sociales, y el uso de las relaciones, la influencia informal y los juegos de poder forman parte de nuestro modo de relacionarnos, para bien o para mal.

Mito 3: La política no afecta a tu rendimiento en el trabajo o carrera profesional

Cuántas veces has oído decir a alguien, o quizá incluso te has encontrado diciendo: «Yo no hago política. Mi trabajo debe hablar por sí mismo». Carla Harris, vicepresidenta de Morgan Stanley, tiene un dicho que me gusta más: «No puedes dejar que tu trabajo hable por ti; el trabajo no habla».

Puesto que son las personas las que hablan, tenemos que hablar de nuestro trabajo, y necesitamos que otras personas también hablen de él. Sin embargo, hablar de nuestro trabajo no significa recitar una lista de las cosas que estamos haciendo; se trata de enmarcar lo que hacemos en términos del impacto que tiene en la organización y por qué es importante.

En mis cursos y conferencias, los participantes y yo debatimos largo y tendido sobre si la autopromoción es necesaria, o incluso deseable. Muchos de nosotros creemos firmemente *que* el talento y el trabajo duro es todo lo que se necesita para triunfar. Creo que lo que subyace a esta creencia es que muchos de nosotros tratamos el trabajo como si fuera la escuela. En la escuela, se da por sentado que si trabajamos duro y dominamos la materia, sacaremos buenas notas y pasaremos al siguiente nivel. En el trabajo, sin embargo, pensar así es un riesgo y un error, porque la realidad es que las contribuciones invisibles no tienen valor.

Mito 4: La política desaparece en los entornos virtuales

Puedes pensar que en ausencia de interacciones en persona seguramente desaparecen todos los juegos de poder y las tácticas de maniobra informales empleadas en la política de oficina, pero cualquiera que haya trabajado a distancia sabe que esto no es así.

Aunque los estudios demuestran que la política de oficina disminuye en los entornos en línea, no hay pruebas de que desaparezca por completo.[2] Esto no es sorprendente, ya que la mayoría de los seres humanos se dejan llevar mucho más por lo informal y político que por lo formal y prescrito. De nuevo, esto puede ser negativo o positivo, pero es una parte clave del comportamiento humano, independientemente del tipo de entorno en el que nos movamos.

La gente que cree que no hace política suele sorprenderse mucho al oír que, cuando están haciendo algo fuera de línea, socializando su idea con los responsables de la toma de decisiones antes de una reunión más formal o simplemente charlando con alguien que creen que puede ayudarles a ser más eficaces, de hecho están participando en actividades políticas. Esto es cierto tanto si se hacen estas cosas en persona como a distancia.

Mito 5: La inteligencia política es un rasgo inherente

A menudo me preguntan si algunas personas son más aptas para la política que otras. Mi respuesta es siempre la misma: las aptitudes que constituyen el núcleo de la inteligencia política son, sin duda, más naturales para unos que para otros, pero no dejan de ser aptitudes. No son rasgos con los que nacemos o no nacemos, y como todas las habilidades, hay que practicarlas para dominarlas.

Tras debatir en uno de mis cursos las habilidades y estrategias clave de los expertos en política, un joven directivo que me miraba con una mezcla de cansancio y asombro espetó: «¡Pero eso es mucho trabajo!».

Había dado en el clavo.

Con todas las exigencias de tiempo y energía, puede parecer que reducir a dos el número de correos electrónicos sin leer es el mayor logro de toda la semana. Ahora te estarás preguntando: ¿te estoy diciendo que, además, tienes que encontrar el tiempo y la energía para invertir en relaciones, ser estratégico con tus seguidores y patrocinadores, buscar formas de aumentar la influencia y el poder que tienes, y luego utilizar todas esas cosas para avanzar en tu carrera?

Pues sí.

Hacerlo requiere intencionalidad, concentración y práctica; y con el tiempo se convertirá en algo más natural, incluso en una segunda naturaleza. La alternativa (por ejemplo, no cuidar tu red de contactos, no construir tu marca y todas las demás cosas que hacen las personas políticamente inteligentes) puede dar lugar a que una carrera prometedora nunca alcance las cotas que podría alcanzar. O, lo que es peor, que tu carrera descarrile por completo.

Qué puedes hacer

Ahora que ya conoces la verdad que se esconde tras estos mitos, veamos qué puedes hacer para desenvolverte bien en la política de oficina.

Reformula lo que para ti significa «política»

Empieza a ser consciente de tu lenguaje y de cómo está enmarcando tu realidad, concretamente cómo enmarca la forma en que entiendes el entorno de trabajo y cómo decides aparecer en él.

¿Estás haciendo la pelota, o te centras en construir y comprender nuevas relaciones? ¿Estás resentido e irritado por tener que celebrar un montón de pequeñas reuniones antes de una reunión importante, o reconoces el poder de estar preparado, sentar las bases y dar a tus ideas las mayores posibilidades de éxito? ¿Consideras que las conversaciones informales son una forma de presionar (con todas las connotaciones negativas que esto suele conllevar), o las ves como una importante tarea?

Casi nunca se trata de la actividad en sí, sino más bien de la intención que hay detrás de la actividad, y de la interpretación y el juicio que atribuimos a ambas. Está claro que tendemos a poner más energía en algo que vemos —y etiquetamos— como positivo e importante que en aquellas cosas que envidiamos o que no vemos el sentido de hacer.

Alternativamente, si las connotaciones negativas de la política de oficina están tan arraigadas que no puedes cambiar de mentalidad, intenta llamarlas de otra manera. Dite a ti mismo: «Estoy construyendo relaciones estratégicas con mis interlocutores» o «Estoy ampliando mi coalición de apoyo».

Cómo las llames no importa; lo importante es que las consideres valiosas e importantes, y les dediques esfuerzo y energía.

Evalúa tu estilo en relación con el entorno político de tu organización

En lugar de dedicar tu tiempo y energía a lamentarte o resentirte por la naturaleza de las organizaciones (que son intrínsecamente políticas), céntrate en comprender en qué tipo de entorno político te encuentras.

¿Está tu empresa mínimamente, moderadamente, muy o patológicamente politizada? ¿En qué medida encaja la cultura política con tu estilo político personal (actual) y con lo que quieres de tu vida y tu carrera?

Kathleen Kelley Reardon, experta en política organizativa, clasifica a los actores políticos en uno de estos cuatro tipos:[3]

- *El purista.* ¿Te disgusta la política y solo quieres hacer tu trabajo?

- *El luchador callejero.* ¿Crees que la mejor forma de salir adelante es mediante el uso de tácticas rudas, incluso a costa de los demás?

- *El jugador de equipo.* ¿Crees en salir adelante trabajando bien con los demás y participas en las políticas que hacen avanzar los objetivos del grupo?

- *El maniobrero.* ¿Crees en salir adelante jugando a los juegos de la política de forma hábil y discreta para quienes solo se toman las cosas al pie de la letra?

Por supuesto, todos podemos desarrollar habilidades y cambiar nuestro enfoque si realmente queremos, pero, a menos que hagamos estos cambios, es muy poco probable que un purista sea feliz o productivo en un entorno altamente politizado, o que un luchador callejero sea bienvenido en un entorno mínimamente politizado.

Trabaja continuamente para reforzar tu moneda relacional

Si te centras únicamente en la moneda de cambio de tus relaciones, o en la credibilidad que construyes a través de tu trabajo, es muy poco probable que te proporcione el éxito al que aspiras, ya sea una bonificación, un ascenso o el reconocimiento de los altos ejecutivos. Sin embargo, si inviertes tiempo en tus redes y creas conexiones que hablen por ti y tu trabajo, conseguirás esas cosas. Esta inversión en relaciones estratégicas no es una distracción del trabajo «real», sino uno de sus aspectos más importantes.

Aunque está claro que resulta muy importante entablar relaciones deliberadamente con personas que pueden ser tus aliados, no cometas el error de descuidar las relaciones con aquellas que tienen el potencial de ser tus adversarios. Cada adversario adicional disminuye tu capital político y tu eficacia.

También hay que saber dónde y cómo se siguen construyendo las relaciones, sobre todo a medida que el entorno de trabajo se vuelve más virtual. ¿Chats de WhatsApp? ¿Cafés virtuales? ¿Llamadas de una hora en las que no hay más agenda que ponerse al día con los compañeros? Si nada de esto está ocurriendo, quizá puedas empezar a hacerlo, no solo con personas que ya forman parte de tu red, sino también con aquellas que te gustaría tener en ella.

Las redes sociales ofrecen innumerables oportunidades para llegar a nuevos contactos fuera de tu organización, y el valor que esto puede ofrecer a tu carrera es inmenso. Se ha demostrado repetidamente que una red lo más diversa y amplia posible es mucho más útil que una estrecha y homogénea.

Mejora constantemente
tus conocimientos «políticos»

Para llegar a donde uno quiere tiene que tener claro de dónde parte. Comprender los conceptos de inteligencia política es una cosa, pero entender cómo te comparas con ellos es otra.

Tendrás que revisar y actualizar periódicamente tu estrategia política a medida que cambie el contexto. A veces fracasarás inevitablemente, pero otras veces tendrás éxito. Lo importante es levantarse y volver a intentarlo. Winston Churchill lo explicó muy bien: «En la guerra solo te pueden matar una vez, pero en política te pueden matar muchas veces».

• • •

Recuerda que hacer política en tus propios términos, con una visión clara de cómo ser eficaz sin vender tu alma ni sacrificar tus valores, no solo te beneficiará a ti, sino también a aquellos colegas y partes interesadas que cuentan contigo para hacer el mejor trabajo posible. Todos jugamos a algún tipo de política, y mejorar en la versión que queremos jugar resulta fundamental para nuestro éxito profesional y nuestro bienestar personal. Porque es cierto: si no haces política, la política acabará contigo.

Breve resumen

La política de oficina forma parte de todas las organizaciones, y no puedes quedarte al margen de ella. Si normalmente intentas evitar la política de oficina, puede que tengas que replantearte lo que significa para ti:

- La política de la oficina se basa en la moneda de las relaciones y el capital de influencia, y en el poder que estas dos cosas te dan o no te dan.

- Céntrate en comprender el entorno político de tu organización, cómo se adapta a tu estilo político personal y cómo vas a ser más eficaz en él.

- Invertir en tus redes y establecer contactos que puedan hablar en tu favor y en el de tu trabajo te proporcionará el éxito al que aspiras.

¿Quieres saber más sobre los aspectos esenciales de la política en la oficina? Escucha este episodio de *Women at Work*, de HBR:

12

¿Es bueno trabajar con tu pareja sentimental?
Sé prudente

Entrevista a Sean Horan
por Vasundhara Sawhney

Desde Harvey Specter y Donna Paulsen, en *Suits*, hasta Noh Ji-wook y Eun Bong-hee, en *Amor en conflicto*, los romances en el trabajo siempre han estado presentes en las series de televisión. Una encuesta de la SHRM reveló que la mitad de los trabajadores estadounidenses han salido con algún compañero, sobre todo con compañeros (70 %), pero también con supervisores (18 %) y subordinados (21 %).[1] En el Reino Unido esta cifra se eleva a dos tercios de los trabajadores (66 %).[2]

Aunque a algunos les sorprendan estos datos, los estudios demuestran que los romances de oficina están disminuyendo. Es probable que el clima actual en torno al acoso sexual tras el movimiento #MeToo haya influido (y con razón), al igual que el aumento del trabajo a distancia. Aun así, si tenemos en cuenta que pasamos la mayor parte de nuestras horas de vigilia en el trabajo (un tercio de nuestras vidas), parece inevitable que de vez en cuando surjan enamoramientos entre compañeros de trabajo. Como seres humanos, tenemos una necesidad básica de intimidad y conexión, pero, cuando añadimos la atracción a esta mezcla, también añadimos una capa de complejidad.

¿Cómo influyen los romances de oficina en nosotros, en nuestro trabajo y en nuestra relación con los compañeros?

Me puse en contacto con el profesor Sean Horan, catedrático del Departamento de Comunicación de la Universidad de Fairfield, para comprender lo que necesitan saber los jóvenes profesionales sobre este tema. Sean y su compañera de investigación, la profesora Rebecca Chory, han pasado la mayor parte de su carrera intentando comprender las implicaciones de las relaciones románticas en el trabajo, tanto en nuestro rendimiento como en el de los miembros de nuestro equipo.

Su investigación ha examinado específicamente si los compañeros se comunican contigo de forma diferente si estás saliendo con alguien del trabajo. A lo largo de tres estudios, descubrieron que los empleados eran más propensos a mentir, desconfiar y considerar menos atentos a los compañeros que salían con sus superiores que los que salían con otros compañeros.[3] Aunque los estudios se centraron inicialmente en las relaciones heterosexuales, Horan y Chory obtuvieron resultados similares en otro estudio que analizaba los romances entre gais y lesbianas en el lugar de trabajo.[4]

Nuestra conversación puso de relieve algunos aspectos interesantes (y alarmantes) de cómo puede influir en tu carrera salir con un compañero de trabajo. Aquí tienes algunos aspectos que deberías tener en cuenta antes de dejarte llevar por un flechazo en el trabajo.

Vasundhara: *Lo primero es lo primero: ¿cuál es la alerta de* spoiler?

Sean: Cuando te plantees si quieres vivir un romance en el lugar de trabajo, debes tener en cuenta dos cosas.

En primer lugar, la inmensa mayoría de las relaciones, incluidas las que no son románticas en el trabajo, fracasan. Aunque existe la posibilidad de que te cases con la persona con la que sales en el trabajo, las probabilidades no siempre están a tu favor. Piensa en lo que podría pasar si rompéis pero seguís trabajando juntos.

Y, en segundo lugar, reconoce que es probable que la gente se comunique contigo de una manera diferente e incluso te vea de forma diferente. ¿Podrás vivir con ello?

¿En qué consiste es esa diferencia? ¿Qué cambia cuando tus colegas se enteran de la relación que estás manteniendo?

Nuestros estudios demuestran que es más probable que los empleados traten de forma diferente a sus compañeros cuando salen con su propio supervisor que cuando salen con alguien de su mismo nivel, independientemente de la orientación sexual.

Es probable que los compañeros sientan que los que salen con otros miembros de la organización, especialmente los de mayor antigüedad, pueden tener una ventaja injusta o recibir un trato preferente sobre los empleados que no tienen pareja en el trabajo. Podrían considerar sus logros, tareas, deberes y recompensas no como un signo de su competencia, sino como un resultado de su relación. Razonamos que los participantes temían que sus compañeros compartieran información negativa sobre ellos con sus parejas, especialmente si esa pareja resulta ser un supervisor.

También observamos diferencias en las percepciones de la fiabilidad y el cariño en las relaciones entre compañeros y superiores frente a entre compañeros. Los empleados señalaron que percibían a los compañeros que salían con supervisores como menos dignos de confianza y cariñosos —dos componentes importantes de la credibilidad—, y señalaron sentirse menos cercanos a esos compañeros en comparación con los que salían con otro colega. En cuanto a la fiabilidad, estas percepciones eran aún más pronunciadas en el caso de las empleadas que salían con un superior.

El patrón es claro: las implicaciones románticas en el lugar de trabajo son más pronunciadas cuando las personas mantienen una relación de igual a igual con un supervisor.

Entonces, ¿qué debes hacer si estás saliendo con un compañero de trabajo o un superior?

En realidad, unas cuantas cosas. En primer lugar, infórmate sobre la política de relaciones de tu empresa. En nuestro estudio inicial sobre este tema descubrimos que, aunque el 56,5 % de los participantes indicaron que en su lugar de trabajo había una norma que prohibía las relaciones románticas entre compañeros, el 22,5 % «no estaba seguro» de que existiera tal política.[5]

Muchas organizaciones prohíben las relaciones románticas entre personas que desempeñan funciones informativas o insisten en que se revelen las citas, por lo que debes saber si lo que estás haciendo está permitido. Ponte en contacto con tu supervisor o con Recursos Humanos para saber con quién tienes que hablar si tienes una relación en la oficina (o piensas tenerla).

A continuación, debes comprender que tus relaciones interpersonales podrían cambiar. Dado que las percepciones pueden influir en la comunicación, piensa en cómo podría cambiar la comunicación si sales con un compañero de trabajo o un jefe. La percepción de que un jefe tiene prejuicios hacia ti o te da un trato preferente, por ejemplo, puede llevar a tus compañeros a «igualar las condiciones» ocultándote información vital relacionada con el trabajo.

En nuestra investigación descubrimos que los empleados declararon ser más propensos a comunicar información engañosa o intencionadamente inexacta a los supervisores con los que salían. Esto podría ser perjudicial para tu éxito laboral en un lugar de trabajo donde la precisión de la información es clave y tiene implicaciones en las tareas, los equipos y el éxito de los proyectos.

Después, piensa si deberías hacer pública la relación. En un estudio adicional que llevé a cabo con la profesora Renee Cowan, descubrimos que los compañeros de trabajo tendían a reaccionar de forma más positiva cuando se enteraban de un romance en el lugar de trabajo a través de una revelación personal del participante, en comparación con enterarse de otra forma.[6] Dicho esto, si quieres estar seguro, tanto si tu empresa tiene una política al respecto como si no, sería prudente notificarlo a Recursos Humanos.

Y, por último, si eres un directivo que sale con un compañero de equipo (aunque esto está prohibido en muchas organizaciones), piensa en cómo vas a tratar la impresión que estás causando. Sé claro, por ejemplo, sobre los motivos por los que concedes méritos y oportunidades a tu compañero para evitar percepciones de injusticia. Mejor aún, considera la posibilidad de que sea otra persona con funciones directivas quien lleve a cabo las evaluaciones anuales de rendimiento y méritos de esa persona. También debes tener en cuenta que aquí se produce una dinámica de poder —tú tienes más poder que alguien a quien diriges—, por lo que la gente puede cuestionar tu credibilidad, tus prejuicios y tus decisiones.

Percibo mucha cautela.

En mi estudio con la profesora Cowan, descubrimos que la gente sale principalmente con compañeros de trabajo por la similitud percibida, la cantidad de tiempo que pasan juntos, la facilidad de la oportunidad o para ligar. La realidad es más difícil de manejar y debe gestionarse con cautela.

Más allá de los juicios de tus compañeros de trabajo, piensa si serás capaz de trabajar con esa persona sin que afecte a tu trabajo en caso de ruptura. Aunque todo el mundo debería romper de una forma respetuosa que mantenga la dignidad y honre lo que compartisteis en su día, no siempre ocurre así.

Dado que verás a esa persona con regularidad en el trabajo y que ambos compartís una red de contactos, asegúrate de manejar cualquier ruptura con dignidad, respeto y cuidado. Los dos deberíais ser capaces de dejarlo como adultos y con la cabeza bien alta. Si no es así, habla con Recursos Humanos para ver si te pueden trasladar a otro equipo y cambiar la estructura jerárquica, aunque en muchos casos eso no es posible, dependiendo de las oportunidades disponibles en tu empresa. También debes saber que quizá tengas que plantearte cambiar de empresa si la ruptura es complicada. En definitiva, esto representa otra forma en que las citas en el trabajo pueden afectar a tu carrera.

¿Cuándo debe notificarse a Recursos Humanos? ¿Al principio o cuando sea oficial?

Esto también puede ser complicado. Imaginemos una situación en la que dos empleados tienen tres citas. Tras la primera cita avisan a Recursos Humanos, pero en la tercera se dan cuenta de que la cosa no va a ninguna parte. El problema aquí es que ya alertaron a Recursos Humanos de que algo era real y oficial cuando en realidad no existía a largo plazo. De hecho, las políticas organizativas obligan a los empleados a enfrentarse a la realidad de una relación: *¿se trata realmente una relación?*

Por tanto, las políticas de la organización obligan a los que tienen citas casuales a mantener conversaciones más serias desde el principio. En conclusión, avisa a Recursos Humanos cuando lo tengas claro.

Breve resumen

Muchos de nosotros pasamos la mayor parte de nuestras horas de vigilia trabajando, así que es inevitable que de vez en cuando surjan flechazos entre compañeros de trabajo. Antes de iniciar un romance en la oficina, ten en cuenta cómo puede afectar a tu trabajo y a tu relación con los demás compañeros:

- Piensa en lo que podría ocurrir si rompéis o si seguís trabajando juntos.

- El hecho de salir con un compañero o un supervisor es importante: es más probable que los empleados desconfíen y mientan a los compañeros que salen con sus superiores.

- Infórmate sobre las políticas de Recursos Humanos de tu empresa en materia de citas. Es posible que tengas que revelar tu situación.

13

Qué hacer cuando te conviertes en el jefe de tu amigo
Especialmente cuando se sabe demasiado sobre el otro

por Ben Laker, Charmi Patel, Ashish Malik y Pawan Budhwar

¿Cuántas horas pasarás con tus compañeros de trabajo a lo largo de tu vida? Si tu horario de trabajo es el habitual, esto es, de nueve a cinco, significa que pasarás unas ocho horas al día, cinco días a la semana, durante unos cuarenta años, con las distintas personas con las que trabajas. Esto equivale a casi noventa mil horas en total. Es decir, mucho tiempo.

Es comprensible, pues, que algunas de estas conexiones se conviertan en algo más personal, como amistades. Y eso es bueno, porque está demostrado que tener amigos en el trabajo aumenta la satisfacción laboral, el rendimiento e incluso la productividad.

Pero existe otra cara de la moneda. Las amistades íntimas también pueden causar fricciones, sobre todo en entornos jerárquicos.

Cuando te ascienden a un puesto directivo, inevitablemente tendrás que tomar decisiones difíciles y evaluar a las personas de tu equipo con imparcialidad, sean o no tus amigos. Esto supone un verdadero reto si eres un nuevo directivo en transición del papel de «amigo del trabajo» al de «jefe». Cuando un miembro de una relación de amistad asciende, la dinámica de igualdad cambia a la de meritocracia.

Navegar por la dinámica jefe-amigo es aún más difícil hoy que hace quince años. Antes de que existieran los teléfonos móviles y las redes sociales, la gente sabía mucho menos de la vida privada de los demás y colaboraba sobre todo en la oficina, cuando los compañeros estaban disponibles en persona. Hoy en día, las tecnologías y las redes sociales nos permiten estar localizables las veinticuatro horas del día y las etiquetas sociales son muy diferentes: los trabajadores son amigos de su jefe en Facebook y se siguen unos a otros en Instagram y otros canales sociales, y es habitual que los trabajadores tengan el número de móvil de su jefe, conozcan a su pareja, lo visiten en su casa y le pidan consejo sobre asuntos personales.

Con el aumento de las amistades en el trabajo —y todo el mundo sabiendo quizá demasiado sobre los demás—, nuestro último estudio pretendía identificar la forma más eficaz de gestionar la relación con los amigos en el trabajo cuando te conviertes en su jefe. Entre enero y agosto de 2020, encuestamos a doscientos hombres y doscientas mujeres recién ascendidos, jefes por primera vez en diecisiete países, y les hicimos las siguientes preguntas (entre otras):

- ¿Cómo mantienes las relaciones con los compañeros que son tus amigos?

- ¿Qué pasó con tus amistades cuando te ascendieron?

- ¿Cómo se han visto afectadas tus amistades desde que empezaste a desempeñar tu nuevo cargo?

- ¿Con qué amigos del trabajo estás conectado en las redes sociales? ¿En qué plataformas?

- ¿Qué ha cambiado desde que asumiste tu nuevo cargo?

- ¿Qué echas de menos de los tiempos anteriores a que te convirtieras en jefe?

- ¿Cómo ha cambiado tu comportamiento desde que te ascendieron?

- ¿Influyen tus amigos en tu toma de decisiones? En caso afirmativo, ¿cómo?

- ¿Con quién te desahogas en momentos de estrés?

Resulta bastante preocupante que más del 90 % de estos directivos noveles hayan tenido dificultades para navegar por los límites entre ser jefe y amigo, y que más del 70 % hayan perdido amistades desde que se convirtieron en directivos. Pero esto no respondía a nuestra pregunta sobre cómo se puede dirigir a alguien de quien se es amigo y hacerlo bien.

Para profundizar en esta cuestión, analizamos los datos de sus respuestas y realizamos entrevistas de seguimiento. Nuestro objetivo era conocer sus experiencias con más detalle y validar nuestras conclusiones. A través de sus respuestas, identificamos cinco formas de encontrar el equilibrio adecuado entre ser jefe y amigo en la era de la información.

Reconoce el cambio de poder

Las relaciones son fluidas, y las que perduran en el tiempo suelen implicar una comunicación abierta y clara. Pero, para que esto ocurra, las personas implicadas deben aprender a renegociar o volver a discutir los parámetros de su relación a medida que esta cambia con el tiempo. Curiosamente, más del 80 % de los primeros directivos encuestados no abordaron cómo sus ascensos cambiaron la dinámica de poder con sus antiguos compañeros, y lamentaron haber esperado demasiado para hacerlo. Muchos no fueron proactivos a la hora de reconocer la nueva meritocracia y asumieron que cualquier incomodidad que surgiera entre ellos y sus amigos desaparecería con el tiempo, pero se equivocaban. Muchas de sus amistades se resintieron.

Las relaciones sanas requieren un cierto grado de honestidad, a menudo descrita como *franqueza radical*: la capacidad de abordar el problema en cuestión, incluso si el comentario es duro (siempre que proceda de un lugar de afecto). Si eres un nuevo líder que dirige a un amigo, es importante que afrontes la realidad y reconozcas, más pronto que tarde, que vuestra relación ha cambiado. Para ello, tómate tu tiempo para hablar con franqueza con tu amigo, explícale cómo te sientes con vuestra nueva dinámica y cómo te gustaría mantener a raya cualquier incomodidad. Negar tus sentimientos de incomodidad puede hacerte parecer poco sincero. Al mismo tiempo, tienes que empatizar con la situación de tu amigo. Puedes decirle: «Yo también me siento un poco incómodo sacando este tema, pero valoro nuestra amistad y quiero mantener el vínculo que tenemos. Algunos aspectos de nuestra relación podrían cambiar en el trabajo, y creo que es mejor que lo hablemos ahora para que estemos de acuerdo».

Acepta tu nuevo papel

Tu comportamiento como nuevo directivo debe ser congruente con tus nuevas responsabilidades. A muchos de los directivos noveles que encuestamos les resultaba difícil hacerlo y a menudo volvían a caer en el «modo amigo» con sus colegas más cercanos, sobre todo con los que estaban conectados a través de las redes sociales. Esto solía ocurrir cuando se sentían estresados o enfadados. Muchos recurrían al cotilleo despreocupado sobre retos laborales o compartían información confidencial.

Si eres el jefe, es fundamental ser respetuoso, tratar a todos los miembros de tu equipo por igual y nunca cotillear con tu amigo sobre los compañeros. Cuando eres un colega subalterno que charla con sus compañeros, este tipo de conversaciones pueden ser inevitables e incluso pueden hacerte sentir más cercano, pero, como líder, tu trabajo es solucionar las fricciones entre los miembros del equipo y llegar a acuerdos, no dejarte llevar por los problemas. Si das mal ejemplo, perderás credibilidad y confianza. Después de todo, ¿quién quiere ser dirigido por alguien que difunde negatividad y fomenta el drama?

Cuando necesites desahogarte, busca un colega en quien puedas confiar a tu nivel o un mentor con quien compartir y descargarte. También debes tener cuidado de hacerlo en un espacio seguro, y nunca en el ámbito público de las redes sociales. Además, puedes buscar una parte neutral, como un *coach*, que no tenga ningún vínculo con tu organización y tu red.

Sé coherente y justo con los miembros de tu equipo

Otro punto importante de la aceptación de tu nuevo papel es ser coherente en el trato que das a todos los miembros de tu equipo. Eso significa que no puedes tener favoritos, y si los tienes, no puedes demostrarlo. Si los miembros de tu equipo sospechan que eres parcial, pueden llegar a resentirse contigo o con la persona a la que favoreces, y podrían surgir comportamientos tóxicos.

Por ejemplo, si vas a salir a almorzar, invita a todo tu equipo, no solo a las personas con las que tienes más amistad. Al hacerlo, puede que descubras nuevas amistades en el trabajo; de hecho, más del

50 % de nuestros encuestados afirmaron haber desarrollado nuevos vínculos con sus compañeros gracias a esta práctica.

No dejes que las emociones se interpongan en las decisiones difíciles

Ser el jefe significa que tienes que aceptar que no gustarás a todo el mundo, y no pasa nada. Al fin y al cabo, la cruda realidad es que tú eres quien tiene que tomar las decisiones difíciles; por eso eres el jefe. Es importante que reconozcas que, si eres amigo de un empleado, puede que no veas sus defectos o que no seas capaz de dejar a un lado los sentimientos personales tan fácilmente cuando lo necesites. Por eso debes tener mucho cuidado de no dejar que tus amistades influyan en tus decisiones, incluidos los aumentos, las asignaciones y los despidos.

Respecto a los despidos, quizás esta sea la decisión de liderazgo más difícil a la que te enfrentes, y debes aceptar que despedir a un empleado (o a un mal empleado) es una parte inevitable de tu trabajo. No puedes favorecer a alguien simplemente porque sea tu amigo; eso es nepotismo.

Una forma de tratar a todo el mundo con equidad es establecer sistemas de evaluación, como objetivos y resultados clave, y utilizarlos para todos por igual, de modo que se basen en datos objetivos, y no subjetivos.

Gestiona cuánto compartes en las redes sociales

No recomendamos hacerse amigo o seguir a compañeros de trabajo en las redes sociales, independientemente de la plataforma. Tus amigos pueden utilizarlas para alardear de su vínculo contigo, provocando la envidia de sus compañeros (tus subordinados directos).

Por este motivo, el 10 % de nuestros encuestados dejaron de seguir y de hacerse amigos de compañeros (y amigos) después de ser ascendidos. Muchos nos dijeron que esto les ayudó a establecer límites más claros y a reducir la probabilidad de compartir más de la cuenta. Otros, en cambio, optaron por reforzar su configuración de privacidad, lo que les permitió mantener una red personal aislada de su red de trabajo.

Sea cual sea la estrategia que adoptes, nuestra investigación sugiere que, fuera del ámbito laboral, nunca compartas con tus amigos del trabajo ninguna información que no compartirías en la oficina. Al hacerlo, podrías dañar la credibilidad y socavar todos los consejos anteriores.

• • •

Así que recuerda que, aunque las amistades en el trabajo tienen sus ventajas, también pueden causar problemas cuando las trayectorias profesionales divergen. No ignores las conversaciones difíciles: es mejor afrontar el problema de frente en la transición de «amigo del trabajo» a «jefe».

Breve resumen

Cuando un amigo del trabajo pasa a convertirse en jefe de otro, se introduce una complicada dinámica de poder. Navegar por los límites entre ser jefe y amigo puede resultar complicado, así que para gestionar eficazmente esta transición:

- **Reconoce el cambio de poder.** Entabla una conversación sobre los parámetros de tus amistades a medida que cambian.
- **Acepta tu nuevo papel.** Adapta tu comportamiento a tus nuevas responsabilidades.

- **Sé coherente y justo con los miembros de tu equipo.** No tengas favoritos.

- **No dejes que las emociones se interpongan en las decisiones difíciles.** Acepta que no gustarás a todo el mundo, y no pasa nada.

- **Controla cuánto compartes en las redes sociales.** Considera ajustar tu configuración de privacidad.

14

Cómo dar un *feedback* negativo a un compañero
Asegúrate de no agarrarlo desprevenido

por Vasundhara Sawhney

Dar una opinión crítica siempre resulta difícil, pero dársela a un compañero conlleva sus propios retos, sobre todo si tenéis una buena relación. Con una dinámica de igualdad de poder entre los dos, el campo de juego está equilibrado, pero, si el *feedback* no se transmite bien, puede acabar provocando tensiones o hacer que la otra persona ignore por completo tus palabras. Estos son mis consejos:

No le agarres desprevenido

Personalmente, lo que ha cambiado las reglas del juego es no tomar nunca desprevenida a la otra persona. Preparar a la otra persona para tus comentarios te permite explicarle tu buena voluntad, establecer el tono de una conversación positiva y sacarla de la defensiva.

Tal vez quieras dar a tu compañero de equipo una opinión sobre su rendimiento en un proyecto reciente, desees pedirle que responda a tus correos electrónicos con más prontitud, o reprocharlo porque haya hablado por encima de otros miembros del equipo en una reunión.

Independientemente del motivo, ponte en contacto con él por privado para concertar una reunión personal y explícale lo que quieres discutir de forma abierta y sin amenazas. Podrías decir algo como: «Oye, me gustó mucho trabajar contigo en nuestro último proyecto, pero tengo algunas ideas sobre cómo podríamos comunicarnos mejor la próxima vez. ¿Tienes tiempo para tomar un café esta semana y hablar de ello?».

Recuerda que los comentarios no son consejos

Lo segundo que hay que tener en cuenta es la forma de transmitir los comentarios. En este caso, yo me aseguraría de que tus comentarios no parezcan consejos. Recuerda que se trata de un compañero, así que no querrás parecer condescendiente ni actuar involuntariamente como si fueras su jefe. Los consejos son unilaterales, pero el *feedback* es colaborativo.

Sé constructivo

Y, por último, procura que tus comentarios sean constructivos. Céntrate en el problema, no en la persona. Hazle saber el resultado positivo de cambiar su comportamiento. Por ejemplo, si ocupó todo el tiempo de una reunión, no le digas algo como: «No dejaste hablar a nadie más en la última reunión, y eso fue muy grosero». En su lugar di: «Me di cuenta de que tenías algunas ideas estupendas, pero creo que había otras personas que también querían hablar. Quizá la próxima vez puedas hacer una pausa de unos segundos después de compartir una idea para ver si otras personas hablan. Eso es lo que yo hago en las reuniones, y siempre da lugar a mejores sesiones de *brainstorming*. Algunas personas necesitan más tiempo para compartir que otras».

Breve resumen

Dar una opinión negativa a un compañero de trabajo puede ser complicado, incluso si la relación es buena. Para ello ten en cuenta estas tres cosas:

- **No le cojas desprevenido.** Dirígete a él en privado para concertar una reunión individual y explícale lo que quieres tratar de forma abierta y sin amenazas.

- **Recuerda que los comentarios no son consejos.** Enmarca tus comentarios como una conversación en la que deseas participar.

- **Mantén un tono constructivo.** Ocúpate del comportamiento y su impacto, no de la persona.

¿Quieres saber más sobre cómo trabajar con un compañero al que no soportas? Mira este vídeo de HBR:

SECCIÓN 3

Redes, mentores y patrocinadores

15

Cómo reforzar tu red de contactos cuando acabas de empezar

No pases por alto lo poderosas que pueden ser las conexiones laterales

por Holly Raider

Cuando empiezas a trabajar, hacer nuevos contactos y reforzar tu red profesional es vital para llegar adonde quieres. Pero la orientación que necesitas, por ejemplo, sobre cómo prosperar en un nuevo puesto o conseguir un ascenso, puede ser difícil de encontrar en tu círculo más cercano.

Los nuevos empleados tienden a establecer conexiones profesionales basadas en la proximidad (los compañeros que más ven) o en los puntos en común (los compañeros más parecidos a ellos), pero eso es un error. Cuando te relacionas con colegas como tú o cercanos a ti, creas una cámara de eco en la que solo circulan las mismas ideas sobre las mismas oportunidades. Esa uniformidad no te beneficia, y tampoco a tus compañeros, especialmente cuando se trata de innovación y crecimiento.

Aunque pueda intimidarte salir de la seguridad de tu círculo, deberías hacerlo. Las redes sólidas y diversas te ayudan a estar al tanto de las últimas tendencias de tu sector, a conocer nuevos colaboradores y a acceder a oportunidades o recursos que pueden ayudarte a ser más eficaz en tu trabajo. La mejor forma de crear este tipo de red (aunque a menudo se pasa por alto) es centrarse en las conexiones laterales: compañeros que trabajan en distintas áreas de la empresa. Muchos empleados que inician su carrera profesional no son conscientes de lo poderosas que pueden ser estas relaciones.

Las conexiones laterales te aportan una visión más amplia y variada de tu organización, que en última instancia determina la calidad de tu trabajo y te da acceso a oportunidades revolucionarias. Supongamos que eres un empleado de ventas que tiene pocas interacciones con un coordinador del equipo de desarrollo de productos. Tomar la iniciativa de entablar una relación con esa persona podría exponerte a las innovaciones en las que está trabajando, lo que te permitiría conocer mejor cada producto y te proporcionaría las historias personales que hay detrás de su desarrollo. Esos conocimientos e historias te permitirán ser mucho más eficaz a la hora de realizar una venta. Por su parte, el coordinador de producto aprenderá de ti cómo piensa exactamente un cliente a la hora de decidir si compra o no el producto, lo que permitirá a tu colega, durante las reuniones de intercambio de ideas, realizar sugerencias más inteligentes alimentadas por las ideas de los clientes.

Este es solo un ejemplo de lo mutuamente beneficiosas que pueden ser estas relaciones interdepartamentales. Fortalecer tu red interdepartamental también puede darte acceso a oportunidades que pueden estar gestándose en otras partes de tu empresa antes de que se hagan públicas.

Pero ¿cómo empezar exactamente?

Busca a personas de las que puedas aprender

Durante las reuniones interdepartamentales o de toda la empresa, presta atención y toma nota de las personas y los proyectos que te parezcan más interesantes. Lo mejor es ser estratégico en este sentido: no te acerques solo a aquellos que parecen que podrían ser buenos amigos, sino a aquellos cuyo trabajo tiene alguna intersección con el tuyo. Por ejemplo, si eres editor, piensa en ponerte en contacto con diseñadores gráficos cuyo trabajo complemente el tuyo; si te dedicas a las finanzas, considera la posibilidad de ponerte en contacto con tus colegas de aprovisionamiento y comentar con ellos cómo gestiona la empresa las fluctuaciones monetarias o los costes de transporte.

Reúnete

Una forma útil de establecer conexiones laterales es asistir o planificar eventos con personas que no pertenecen a tu equipo. Si trabajas en la empresa, envía un mensaje a un par de compañeros de otros departamentos con los que te gustaría conectar y pregúntales si les apetece ir a comer juntos. Y si trabajas en línea, las *happy hour* virtuales en grupo o las pausas para el café son buenas opciones. Las conversaciones que tienen lugar durante estas reuniones suelen ser informales y fluidas. Recuerda que tu objetivo debe ser construir relaciones sólidas, no solo intercambiar notas sobre el trabajo. Y eso empieza por conocer a la gente.

Asegúrate de hacer un seguimiento de las personas con las que más quieres mantenerte en contacto. Puedes enviarles un correo electrónico rápido al día siguiente diciendo: «¡Hola! Soy [ ] y me uní hace [X] días». A continuación di algo personal para establecer la conexión, como: «Me enteré durante la *happy hour* virtual de que estás aprendiendo inglés [u otro idioma] en Duolingo. Me hizo mucha ilusión oírlo, ya que yo también estoy interesado en estudiar un segundo idioma». Por último, haz una pequeña petición: «¿Te gustaría quedar para tomar un café y charlar un poco más alguna vez?».

A la gente le suele gustar hablar de sus experiencias, así que, si tus preguntas son respetuosas y concretas, es raro que te rechacen. Esta una buena manera de empezar. Os inspiraréis mutuamente y, mejor aún, os ayudaréis a resolver problemas compartiendo vuestras diversas experiencias y conocimientos.

Crea grupos de chat en línea o únete a ellos si ya existen

Si trabajas a distancia, aprovecha aplicaciones como Slack. Averigua si existen grupos de chat a los que puedas unirte. Si no, puedes tomar la iniciativa de crear canales para temas específicos (¡y no tienen por qué ser de trabajo!). Piensa en viajes, tecnología, cocina, jardinería, cine o un grupo de palabras del día. Empieza preguntando a tus compañeros qué temas les interesa más debatir y reúne al grupo virtualmente.

Para empezar, tú y las demás personas del grupo tendréis una cosa en común: la razón por la que os unisteis a él. Genera una participación activa pidiendo a uno o dos colegas que inicien el chat. Los demás seguirán su ejemplo de forma orgánica.

Di sí más a menudo

Otra estrategia excelente para establecer conexiones laterales es aceptar tareas que impliquen la colaboración con nuevos homólogos en las organizaciones. Si tu empresa tiene oportunidades de voluntariado, como el comité de sostenibilidad, el comité de planificación social o los comités de DEI (diversidad, equidad e inclusión), hazte voluntario. Suelen ser oportunidades interdepartamentales y constituyen una valiosa forma de conocer a personas con las que normalmente no trabajarías. Puedes informarte sobre estas oportunidades en la intranet de tu empresa, a través de boletines electrónicos o preguntando a tu supervisor o representante de Recursos Humanos.

Muchas empresas también tienen oportunidades sociales. Una de mis alumnas, representante de ventas internas, se enteró de la existencia del equipo de sóftbol de su empresa hablando con sus compañeros de otro departamento. Gracias a ello ha entablado amistad con compañeros que de otro modo no habría conocido. Consulta también el sitio web de formación y desarrollo de tu empresa. Allí encontrarás información sobre pequeños cursos, que son una forma estupenda de mejorar tus conocimientos y conocer a gente nueva.

Muestra curiosidad para transformar una conexión en una relación

Una vez establecida la conexión inicial, puedes construir una relación sólida que aproveche al máximo vuestras habilidades y experiencias complementarias. Empieza por mostrar tu interés por entender el trabajo de los demás haciendo preguntas concretas, incluso pidiéndoles consejos que a ellos les resultaría fácil dar. Por ejemplo, si un colega de Recursos Humanos realiza una presentación que te encanta, házselo saber y pregunta si podría dedicarte entre veinte y treinta minutos a ayudarte a preparar la presentación que estás preparando. Al pedir ayuda, recibirás un valioso apoyo y, a la vez, reforzarás la relación. Como escribió Ben Franklin en su autobiografía, «aquel que una vez te ha hecho un favor estará más dispuesto a hacerte otro que aquel a quien tú mismo has obligado». Empieza por ahí, pero asegúrate de ofrecer reciprocidad: una conexión unilateral no es el camino hacia una relación sólida.

• • •

Estas estrategias son sencillas, pero a menudo se pasan por alto y se infravaloran. Establecer conexiones laterales es importante no solo para reforzar tu red de contactos, sino también para acceder a nuevas oportunidades. Pueden ayudarte a ser más eficaz en tu trabajo y a generar grandes ideas tendiendo puentes entre los distintos mundos de conocimiento que tendrás a tu disposición a través de tu red, por no mencionar que son algunas de las más fáciles de conseguir.

Breve resumen

Crear una red lateral sólida y diversa te ayudará a mantenerte al día de las tendencias del sector, a conocer nuevos colaboradores y a acceder a oportunidades o recursos que pueden ayudarte a ser más eficaz:

- **Busca a personas de las que puedas aprender.** Toma nota de las personas y los proyectos que te parezcan más interesantes.

- **Reúnete.** Asiste o planifica eventos con personas que no pertenezcan a tu equipo.

- **Crea grupos de chat en línea o únete a los existentes.** No tienen por qué ser sobre trabajo.

- **Di sí más a menudo.** Acepta tareas que impliquen la colaboración con nuevos compañeros.

- **Muestra curiosidad para transformar una conexión en una relación.** Pide ayuda y ofrécela.

¿Quieres saber más sobre cómo construir tu red desde cero?
Escucha este episodio de *New Here*, en HBR:

16

Cuando se trata de promociones, se trata de quién te conoce

... no de a quién conoces

por Anand Tamboli

En mis tiempos en LG Electronics, enero era el mes de los ascensos. La oficina se llenaba de murmullos sobre quién sería el siguiente en ascender. Todos teníamos nuestras teorías. Y casi siempre nos equivocábamos.

Recuerdo una tarde en la que un colega mío, Arun, fue descartado para un ascenso, dejando a toda la oficina confundida. Era un excelente ingeniero con grandes dotes de liderazgo, alguien por quien habríamos apostado dinero. Todos pensábamos que se lo merecía.

—Arun tiene muchos años de experiencia —le dije a mi jefe, el señor Kim. Es muy bueno en lo que hace. ¿Por qué no ha conseguido el ascenso?

119

—Arun es un excelente ingeniero, sin duda —me dijo el señor Kim—, pero aún no está preparado para ser directivo.

Al ver mi expresión de sorpresa, añadió:

—Arun necesita desarrollar relaciones más sólidas con las personas de toda la organización. Ese tipo de colaboración es clave para el puesto de director general.

Estas palabras se me quedaron grabadas.

Después de tres años y medio en LG, pasé a HSBC como gestor de proyectos. Trabajé sin descanso para asegurarme de que satisfacía las necesidades del puesto y me propuse establecer vínculos sólidos con personas de toda la organización. Cuando llegaron las evaluaciones de rendimiento, confiaba en mis posibilidades de ascenso. Pero, una vez más, me sorprendió la respuesta de mi jefe: «Mira —me dijo mi jefe, Peter—, no pongo en duda tus aptitudes. Pero, para que te consideren seriamente para un puesto más alto, tienes que ganarte el apoyo de más gente de la empresa, personas influyentes que puedan hablar de tu trabajo y abogar por ti cuando no estés en la sala. Mi voz por sí sola no basta. Necesitas una red de defensores».

Y algo hizo clic en mi cabeza. Ahí estaba el ingrediente secreto que tantos de nosotros echamos en falta cuando perdemos oportunidades. La mayoría de nosotros pasamos el tiempo aprendiendo un oficio, estableciendo contactos con nuestros compañeros y evitando cometer grandes errores. Esto resulta útil al principio de nuestras carreras, pero, a medida que crecemos, también lo son los criterios para ascender. Cuanto más ascendemos, más necesitamos que nos respalden personas con cargos superiores. En un mundo perfecto, el talento y la capacidad de liderazgo bastarían por sí solos, pero por desgracia no siempre es así, y, hasta que las cosas cambien, saber es poder.

Cómo darse a conocer

A lo largo de los años he desarrollado una herramienta para ayudar a personas de todos los niveles a aprovechar esta información: una escala de progresión profesional en la que se esboza lo que debes priorizar entre los primeros cinco y siete años de tu carrera para acelerar tu ascenso (figura 16-1).

Durante tu primer año de trabajo, lo más importante es *lo que sabes*. En los primeros días de un nuevo trabajo, dedicarás gran parte de tu tiempo a desarrollar las competencias y los conocimientos básicos esenciales para tener éxito en tu puesto. A menudo, esas competencias determinan tus posibilidades de ascenso.

FIGURA 16-1

Una escala de progresión profesional

Qué etapas debes priorizar en los primeros 5-7 años de tu carrera.

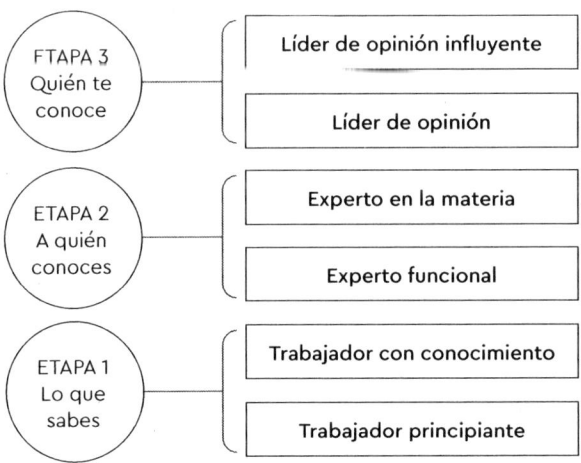

Al cabo de unos años, cuando has adquirido experiencia en tu función o ámbito, *saber a quién conoces* pasa a ser tan importante como tus conocimientos, sobre todo si quieres ascender a un puesto directivo. Esta etapa consiste en ampliar tu red profesional. Tus relaciones con personas de distintos niveles y equipos en toda la empresa te ayudarán a entender cómo funciona la organización en general, cómo colaboran los distintos departamentos y cómo encajan en el conjunto los objetivos del equipo que quieres dirigir.

El punto de inflexión llega después de haber adquirido cierta experiencia como gestor de personas y tener un buen dominio de tu materia o campo. Llegados a este punto, puede que sientas que estás preparado para dirigir un equipo más grande o asumir un puesto de alto nivel. Y aquí es donde importa *quién te conoce*.

Pero no puedes empezar a encontrar a tus defensores —personas influyentes que te apoyarán y depositarán su confianza en ti— cuando los necesitas. Tus defensores son los propios responsables de la toma de decisiones (las personas que deciden quién asciende) o personas poderosas a las que los responsables de la toma de decisiones escucharán.

Esta es, quizás, la etapa más difícil de una carrera laboral: cuando pasas de ser un nuevo líder a un líder algo más experimentado. Conectar con personas influyentes de toda la organización representa un gran reto y es más difícil de superar de que lo que se te exigía en los años anteriores. Entonces, ¿cómo hacerlo exactamente?

Según mi experiencia, hay que centrarse en tres cosas: posicionarse, publicar y colaborar.

Posicionamiento

Para generar confianza y fiabilidad entre las personas influyentes, tienes que establecerte como alguien fiable. Esto significa que todas tus acciones, comportamientos y palabras deben ser coherentes y predecibles. Tienes que hacer un esfuerzo intencionado para «posicionarte» de la forma en que quieres que los demás te vean como persona y profesional.

Por ejemplo, analicemos el caso de Arun, mi colega en LG Electronics. Nuestro jefe, el señor Kim, no lo percibía como un líder; no estaba seguro de que Arun tuviera las habilidades de colaboración necesarias para ser un gran gestor de personas. ¿Por qué? Porque el señor Kim no podía predecir cómo respondería Arun a situaciones difíciles, cómo enseñaría nuevas habilidades a sus subordinados directos o cómo trabajaría con colegas de distintos departamentos para alcanzar los objetivos.

Arun demostraba sistemáticamente su capacidad técnica, pero nunca sus dotes de liderazgo. Hablaba a menudo de los pasos necesarios para llevar a buen término sus proyectos, pero no de la forma en que trabajaba con los miembros de su equipo para resolver problemas o proporcionarles orientación.

Del mismo modo, cuando solicité un ascenso, mi jefe no podía predecir si me alinearía con otros altos cargos de la empresa. En aquel momento no me había esforzado mucho por conocer y comprender el trabajo que se realizaba en otros departamentos y cómo ese trabajo se relacionaba con mi propia función. Si lo hubiera hecho públicamente —si me hubiera ganado la confianza de esos otros líderes y hubiera hablado de lo que había aprendido con Peter—, él podría haberme percibido como material de liderazgo.

Publicación

Los demás no saben lo que pasa por tu cabeza: tus pensamientos, ideas, opiniones, pasiones y visiones de futuro. Si quieres que esas cosas se sepan, tienes que hacerlas visibles, tienes que publicarlas.

Para empezar, realízate una autoauditoría. Pregúntate: «¿Expreso mis opiniones en voz alta y a menudo? ¿Hablo claro cuando importa? ¿Qué puedo hacer para darme a conocer y dar a conocer mi presencia?».

Hay varias formas de hacerlo. Puedes escribir y compartir tus ideas en redes sociales como LinkedIn o Twitter, escribir artículos y enviarlos a medios de comunicación, o incluso crear vídeos para publicarlos en TikTok, Instagram o YouTube. En este contexto, «publicar» también puede significar utilizar tu voz para compartir ideas. Esto puede implicar participar en charlas públicas o simplemente intervenir más en las reuniones de trabajo. Elige lo que mejor se adapte a ti, a tu nivel de comodidad y al público al que te diriges.

Supongamos que tu equipo ha liderado un proyecto del que estás especialmente orgulloso. Considera la posibilidad de publicar tus reflexiones sobre el trabajo en una plataforma como LinkedIn, o escribir un breve artículo de opinión sobre el impacto que has tenido y por qué es importante. Aunque pueda parecer que esto no tiene nada que ver con tu trabajo actual, compartir tu trabajo es una forma estupenda de llamar la atención de las personas con poder dentro de tu organización. Demuestra que eres un apasionado y que tienes el potencial de reforzar tu autoridad en el tema en cuestión, influyendo positivamente en cómo te perciben los demás. Líderes intelectuales de diversos sectores adoptan este enfoque para dar a conocer sus ideas al mundo y establecerse como agentes de cambio en sus campos.

Colaboración

Trabajar en red está muy bien para hacer nuevas conexiones, pero colaborar con personas de toda la organización es una forma mejor de construir relaciones significativas y duraderas. Cuando personas con distintos conocimientos se reúnen para lograr un objetivo común, las oportunidades de aprendizaje florecen. Cada uno tiene la oportunidad de contribuir con su conjunto de habilidades y perspectivas únicas, y a través de este trabajo en equipo se crean vínculos. Cuando enseñamos a otras personas, o viceversa, crecemos, y recordamos a las personas que nos ayudan a crecer porque vemos su valor.

Como líder emergente, debes intentar colaborar con tus colegas más veteranos siempre que surja la oportunidad. Si eres capaz de demostrarles tu valía, te apoyarán en futuras iniciativas y puede que incluso se conviertan en tus defensores o embajadores.

Lo difícil es buscar estas oportunidades de colaboración. Puede ser una tarea desalentadora si trabajas en una organización en la que el trabajo en equipo interfuncional no es muy accesible o habitual. Si es así, acércate a tu jefe y pídele ayuda. Puedes decir: «Me interesa saber más sobre el trabajo que se realiza en X departamento. Me he dado cuenta de que tienen un proyecto en marcha, ¿podría asistir a algunas de sus reuniones? Me pregunto si mi punto de vista sería valioso. Como nuestros equipos trabajan por un objetivo común, podría compartir lo que hemos aprendido a través de nuestro propio trabajo».

En todos los casos, piensa en lo que puedes ofrecer de forma única a través de una colaboración. Por ejemplo, como miembro de la generación Z, ¿podría tu perspectiva ser interesante para el equipo de marketing en su nueva campaña? Como gurú de la tecnología, ¿podría tu experiencia en el análisis de datos ser valiosa para el equipo de contenidos? ¿Qué puedes ofrecer a los líderes de otros departamentos para ayudarles a alcanzar sus objetivos?

• • •

Ahora volvamos a mi historia. Cuando Peter me dijo que me redoblara, hice exactamente eso. Me posicioné con más claridad, elevé mi voz y mis ideas a través de su publicación y busqué más formas de colaborar con los líderes de toda la empresa. Y gracias a mis esfuerzos (y algo de suerte) conseguí el ascenso. Aún hoy recuerdo y sigo los consejos de Peter. Espero que también te ayuden a ti.

Breve resumen

Durante el primer año de trabajo, lo más importante es *lo que se sabe*. Al cabo de unos años, cuando has adquirido experiencia, *quién te conoce* pasa a ser igual de importante. Y más adelante, cuando estés listo para liderar, lo que importa es *quién te conoce*. ¿Cómo dar este salto?

- **Posicionamiento.** Para ganarse la confianza de las personas influyentes, hay que establecerse como alguien fiable.

- **Publicación.** Da visibilidad a tus pensamientos, ideas, opiniones, pasiones y visiones de futuro.

- **Colaboración.** Trabaja con colegas veteranos siempre que surja la oportunidad. Cuando les demuestres tu valía, te apoyarán en futuros esfuerzos.

17

Habilidades de creación de redes para profesionales de entornos infrarrepresentados
Aprende a sortear tres paradojas

por AiLun Ku y Ray Reyes

os asesores bienintencionados suelen decir a los profesionales de entornos históricamente infrarrepresentados (incluidos los profesionales BIPOC, los recién licenciados y los trabajadores de cuello blanco, así como los procedentes de hogares con bajos ingresos) que «busquen oportunidades» sin más orientación. Sin embargo, si no saben cómo desenvolverse en las reglas ocultas del juego —los «códigos trampa» que se transmiten de generación en generación entre los grupos mayoritariamente representados—,

127

muchos de estos profesionales son incapaces de acceder a las redes mayoritariamente blancas y privilegiadas que controlan el acceso a empleos, proyectos y recursos de calidad. Para los profesionales infrarrepresentados, trabajar en red puede ser como recorrer un laberinto con los ojos vendados. Muchos creen que tienen que presentar una versión falsa e inauténtica de sí mismos para tener más posibilidades de cruzar una puerta fuertemente custodiada hacia el país de las oportunidades profesionales.

Nosotros creemos que existe una mejor forma de que los profesionales infrarrepresentados establezcan redes, una manera que les permita obtener apoyo y acceso, y hacer avanzar sus carreras sin dejar de ser fieles a sí mismos. En nuestro trabajo como ejecutivos de Opportunity Network, una organización sin ánimo de lucro dedicada a apoyar a estudiantes de entornos infrarrepresentados en la universidad y en carreras prósperas, hemos visto a miles de personas desarrollar sus redes profesionales y utilizarlas con éxito para avanzar en su carrera laboral.

Si perteneces a un grupo infrarrepresentado, especialmente si te encuentras al principio de tu carrera profesional, este es un momento paradójico. A pesar del apoyo retórico que la mayoría de las empresas profesan ahora por una mayor diversidad, equidad e inclusión, la realidad no es esta. Los beneficios que otorgan las redes profesionales siguen estando en detrimento de quienes se enfrentan a barreras sistémicas. Pero eso no significa que no se pueda trabajar en red con éxito y acumular valor social en el lugar de trabajo. Para construir una comunidad profesional amplia y diversa que te ayude a ascender y, en última instancia, a hacer que otros asciendan contigo, debes comprender y sortear tres paradojas persistentes de las redes que afectan a las personas infrarrepresentadas. Analicemos cada una de ellas.

La paradoja del «yo auténtico»

La primera paradoja es la tensión entre el cambio de código y la autenticidad. Courtney McCluney, profesora de Cornell, y sus coautores describen el *cambio de código* como un comportamiento en el que una persona cambia su «estilo de hablar, apariencia, comportamiento y expresión de forma que optimice la comodidad de los demás a cambio de un trato justo, un servicio de calidad y oportunidades de empleo». Ser percibido falsamente como «poco profesional» debido a prejuicios inconscientes o a la divergencia con las normas dominantes tiene consecuencias reales. Puede limitar el acceso a oportunidades, información y recursos y, en última instancia, hacer fracasar la promoción profesional. En respuesta, los profesionales de grupos históricamente infrarrepresentados, en particular los profesionales BIPOC, a menudo optan por entrelazar el cambio de código en su jornada laboral. Pueden ajustar su autopresentación reflejando las normas, comportamientos y atributos de los compañeros de los grupos dominantes.

En el contexto de las redes de contactos, la tendencia a cambiar de código es mayor. La preocupación constante por conocer a personas desconocidas —y posiblemente tendenciosas— en situaciones llenas de subtextos y reglas tácitas disuade a los profesionales infrarrepresentados de entrar en los espacios de trabajo en red como su auténtico yo; sin embargo, el cambio de código es solo una herramienta de supervivencia, no la respuesta. Además de imponer una carga indebida de conformidad y asimilación a las personas de grupos históricamente infrarrepresentados, el cambio de código supone borrar la propia identidad, un sacrificio insostenible. El cambio de código garantiza una interacción segura y vacua, pero impide establecer conexiones reales y, a largo plazo, deteriora el bienestar general. ¿Cómo puedes extenderte a los demás cuando no es seguro mostrarte como tú mismo? ¿Cómo puedes dar lo mejor de ti cuando no puedes ser tú mismo?

Para gestionar esta tensión, te animamos a que reveles tu auténtico yo gradualmente. El enfoque de revelación gradual no te pide que deformes tu identidad para que encaje en otro molde, sino que te permite mantenerte fiel a ti mismo al tiempo que decides qué partes de ti quieres compartir y cuándo.

En primer lugar, debes entender que el grado de revelación en el trabajo es un acto de equilibrio para todos. Aunque tu CEO probablemente se sienta seguro en el trabajo, no va a compartir contigo todos los detalles de su sábado por la noche, y tú tampoco deberías hacerlo. Tus colegas no son tus amigos ni tu familia, y la divulgación total no es tu objetivo. Establece y mantén límites profesionales mientras observas hasta qué punto las comparaciones raciales, por sutiles que sean, impulsan las interacciones sociales en tu lugar de trabajo. A continuación, haz un tanteo: comparte todo lo que sientas cómodo y seguro con un solo colega, o con un grupo reducido, y presta atención a su respuesta, y adáptate a la intensidad y profundidad del intercambio. Si el intercambio es recíproco y mutuamente beneficioso, puedes sentirte seguro para revelar más. El enfoque de revelación gradual puede ser difícil de aplicar en entornos de trabajo en red en los que te reúnes con personas que te son desconocidas. Siempre que sea posible, apóyate en un contacto de confianza de tu creciente red para recabar información por adelantado. Si acabas en una conversación en la que la revelación gradual no va bien, prepárate para pasar amablemente a un tema neutral y poner fin al intercambio; no es probable que esta persona te apoye y no necesitas perder el tiempo con ella.

La paradoja del «portero»

La segunda paradoja es que las redes pueden ser a la vez obstinadas guardianas y transformadoras abridoras de puertas. La carrera por contratar talento cualificado y diverso es constante, pero pocas organizaciones están a la altura. Este estrecho abanico de oportunidades es principalmente el resultado de la tendencia de las redes cerradas a valorar la exclusividad y la selectividad por encima de la diversidad y la expansión. Puede que este planteamiento funcionara cuando las empresas buscaban candidatos de una lista reducida de escuelas o de un pequeño círculo de contactos, pero estos viejos métodos simplemente no consiguen los nuevos resultados que buscan las organizaciones.

El tópico reductor «eres a quien conoces» sirve a una versión anticuada de las redes profesionales que mantienen las puertas cerradas. Estas redes concentran el poder entre quienes conocen los empleos, deciden quién más los conoce, a quién se contrata, a quién se tutela y a quién se asciende. Los que más saben acaban ejerciendo una influencia desmesurada. En ausencia de una intervención deliberada, este desequilibrio de poder mantiene redes homogéneas y perpetúa una mano de obra homogénea.

Sin embargo, el despertar generalizado a la necesidad de una mano de obra más diversa, los avances tecnológicos, así como «la Gran Dimisión», han dado la vuelta al guion. Con la amplia adopción de las redes sociales, todo el mundo dispone de las herramientas para ser un abridor de puertas transformador en lugar de un obstinado portero. Sabiendo esto, animamos a los profesionales infrarrepresentados a adoptar una mentalidad basada en los activos; es decir, que reconozcan que aportan algo valioso de forma innegable e intrínseca. Por ejemplo, tienes una reserva tácita de pensamiento crítico y capacidad de resolución de problemas adquirida a través de tu experiencia vital, o eres bilingüe fluido y puedes desenvolverte con competencia entre culturas con cuidado y confianza porque lo haces a diario. Este conocimiento de ti mismo te permitirá establecer contactos con confianza y presentarte como la pieza que falta en el rompecabezas de la contratación. Con una mentalidad basada en los activos, se cambia el enfoque de «eres a quien conoces» y se pasa de *ser el portero* que conoce el trabajo a *conocer al abridor de puertas* cuya red es lo suficientemente amplia como para identificar, atraer y contratar talento cualificado (como tú) de un grupo de candidatos que históricamente ha estado sin explotar e infrarrepresentado.

La paradoja de la «proximidad»

La última paradoja exige que los profesionales de entornos infrarrepresentados conviertan sus estrechos círculos profesionales en redes más amplias para aumentar su proximidad social a las redes de poder e influencia. La proximidad social incrementa el capital social. Y, aunque pueda parecer una contradicción, sobre todo si estás empezando tu carrera profesional, el capital social está intrínsecamente arraigado en las relaciones en todos los sentidos, por lo que te animamos a que inviertas tiempo en crear una red que sea amplia y profunda, y a que le prestes atención. Las redes son estructuras vivas que hay que cuidar y podar.

Por supuesto, la creación de redes hacia arriba te ayudará a acceder a mentores y patrocinadores, relaciones fundamentales para el éxito de tu carrera a largo plazo, pero no descuides la creación de redes laterales con grupos de compañeros y casi compañeros. Formar una red de compañeros refuerza la confianza en uno mismo y proporciona el apoyo necesario para superar el obstáculo que supone solicitar nuevas conexiones más allá de los círculos familiares. Trabajar en red con profesionales que se encuentran en la mitad de su carrera y con colegas cercanos también puede ayudarte a desmitificar las reglas ocultas del trabajo que te esperan.

Por último, no dejes de llegar a los que vienen detrás de ti. Un enfoque de creación de redes de 360 grados te proporciona conexiones y recursos para satisfacer necesidades diversas. Y desarrolla también el hábito de dar apoyo profesional a los demás, al tiempo que creas la oportunidad de recibirlo.

Con una red amplia, puedes crear un consejo de administración personal, un grupo de personas de confianza dispuestas a ofrecerte comentarios críticos y alentadores. Este grupo podría incluir un mentor, un amigo personal, alguien a quien pedir consejo, alguien bien informado en tu lugar de trabajo o sector y alguien que pueda ponerte en contacto con oportunidades. En tu consejo, debes sentirte lo bastante seguro y cómodo como para enfrentarte honestamente a los retos, recibir comentarios sinceros y constructivos, tener apoyo incondicional y ser capaz de mostrarte como tú mismo.

• • •

El cambio de códigos, las barreras de acceso y las dinámicas de poder pasan factura. Trabajar en red puede ser agotador para cualquiera, pero para las personas infrarrepresentadas puede resultar francamente agotador. El primer paso para superar estos retos es ser consciente de las tres paradojas y gestionarlas de forma proactiva. Esto debe reforzarse con prácticas de bienestar personal y autocuidado —y apoyándote en el apoyo de tu creciente red de contactos— para mantener el equilibrio cuando, inevitablemente, surjan los obstáculos.

Esperamos que tanto tú como todos los profesionales infrarrepresentados tengáis la oportunidad de operar desde un espacio seguro con acceso a aterrizajes suaves mientras ayudáis a cerrar la brecha de oportunidades mediante la creación de redes y el intercambio de capital social. Las redes amplias abarcan etnia, lengua, geografía, edad, capacidad física, identidad de género (presta atención a los pronombres de las personas), orientación sexual, estatus social, experiencia educativa y formativa, y experiencia vital. Cuanto más diversas sean tus redes profesionales, mayor será tu acceso a la información y a las conexiones, y antes estarás en un lugar de abundante capital social y podrás elevar a otros contigo.

Breve resumen

La desafortunada realidad es que los grupos más privilegiados siguen controlando el acceso a la mayoría de los empleos y oportunidades profesionales. Las personas de comunidades infrarrepresentadas deben aprender a sortear tres paradojas a medida que amplían sus redes:

- **La paradoja del «yo auténtico».** Empieza por acercarte a una sola persona de tu equipo, o de tu oficina, para mantener una conversación informal e individual y ver si puede ser tu aliado.

- **La paradoja del «portero».** Adopta una mentalidad basada en los activos y reconoce que las cosas que te hacen diferente te confieren aptitudes y experiencias distintivas.

- **La paradoja de la «proximidad».** Relaciónate a todos los niveles: personas con cargos superiores, compañeros y subordinados.

18

¿Cuál es la diferencia entre un mentor y un patrocinador?
El patrocinio empieza con la mentoría y luego se basa en ella

por Janice Omadeke

La tutoría y el patrocinio son herramientas poderosas para el éxito personal y la creación de fuerzas de trabajo más consistentes. Aunque están relacionados entre sí y comparten algunas similitudes, no son, como la mayoría de la gente supone a veces, la misma cosa. En realidad, el patrocinio puede surgir de una relación productiva entre mentor y discípulo.

¿Qué es la tutoría?

En un entorno laboral, la *tutoría* es una relación entre alguien que comparte conocimientos y proporciona orientación (el mentor) y alguien que aprende de la experiencia y el ejemplo de esa persona (el alumno).

135

La mayoría de las veces, el mentor es mayor y el alumno es más joven —quizá recién llegado al mundo laboral—, pero la tutoría también puede existir y prosperar en cualquier situación en la que un empleado nuevo aprenda de otro con más experiencia. Contrariamente a lo que podría suponerse, un mentor no tiene por qué ser un directivo. De hecho, las personas que no están en la dirección pueden obtener una gran satisfacción y sentido de la contribución de la tutoría de otra persona.

La tutoría puede empezar con algo tan sencillo como un café informativo y adoptar diversas formas a partir de ahí. Puede tratarse de un encuentro puntual, pero las tutorías más valiosas crecen con el tiempo y se convierten en relaciones de igual a igual. Aunque la tutoría suele darse entre dos personas, a veces las empresas también recurren a la tutoría en grupo. Puede darse en persona o en línea.

¿Qué es el patrocinio?

La imagen del patrocinio que probablemente venga primero a la mente es la de un atleta profesional que recibe el apoyo de una empresa, como un jugador de fútbol de élite que recibe gran parte de su equipación de una empresa que la fabrica. A su vez, promocionan la marca de esa empresa llevando y utilizando los productos.

Pero ese no es el tipo de patrocinio del que hablamos en este contexto. Aquí el *patrocinio* surge de una tutoría sólida y exitosa.

Es la segunda fase de la tutoría. Una vez que el mentor y el alumno han trabajado juntos durante un tiempo, por lo general al menos unos meses, el mentor puede ver pruebas de crecimiento y responsabilidad propia en el alumno. En ese momento, el mentor puede convertirse en un verdadero defensor de su alumno. En esta capacidad, el mentor es ahora un patrocinador, y el alumno, un protegido.

En este punto el patrocinador está haciendo algo más que compartir experiencia y conocimientos. Al sentirse personalmente implicado en el progreso de su protegido, amplía la visibilidad de esa persona dentro de la organización, modela el comportamiento de su autoaprendizaje e implica directamente al protegido en experiencias que le proporcionarán oportunidades de promoción profesional. Por ejemplo, un patrocinador puede proponer el nombre de su protegido para un ascenso o tener el poder de defender su trabajo cuando él mismo no está en la sala (o no está invitado a la reunión «importante»).

El patrocinador está poniendo su reputación y su marca profesional detrás del protegido, lo que significa que normalmente hay más riesgo en ser patrocinador. Por eso es más probable que el patrocinio se desarrolle a partir de una tutoría eficaz. En resumen, la tutoría desarrolla la confianza necesaria para que se produzca el patrocinio.

¿Por qué necesitas las dos cosas?

Una de las conclusiones extraídas hasta este momento es que la tutoría es un paso fundamental para establecer un patrocinio. Aunque no todas las tutorías se convertirán en patrocinios, eso no significa que la tutoría no tenga otras ventajas. He aquí algunas de ellas:

- Las personas aprenden más unas de otras, lo que refuerza la plantilla en general, ya que los compañeros empiezan a verse como individuos únicos, y no solo como compañeros de trabajo que existen para marcar una lista de tareas que hay que completar.

- El alumno cuenta con un apoyo adicional para alcanzar sus objetivos, y para ello puede trabajar con su mentor en un entorno estructurado.

- Los alumnos adquieren las competencias profesionales que necesitarán para avanzar en sus carreras.

- La tutoría ofrece a los alumnos la oportunidad de entablar relaciones significativas y sentirse incluidos como parte valiosa de una empresa y su cultura. Esto resulta especialmente importante en el caso de los trabajadores híbridos y remotos, quienes ahora constituyen una gran parte de la mano de obra, y de los trabajadores más jóvenes, que pueden no tener experiencia previa como parte de ella.

- Los mentores pueden sentirse realizados transmitiendo conocimientos y desempeñando un papel de liderazgo, aunque su puesto no sea de gestión.

Así pues, la tutoría es valiosa por sí misma.

El patrocinio, como hemos visto, empieza con la tutoría y se basa en ella. La tutoría proporciona los detalles concretos y otras experiencias que el patrocinador puede utilizar para defender a su protegido.

Por tanto, trabajar en una empresa con un programa de mentores o buscar un mentor en el trabajo es una forma probada de invertir en tu crecimiento como empleado que acaba de incorporarse a la plantilla o simplemente a un nuevo puesto. Si inviertes suficiente tiempo y esfuerzo en la relación, puede que acabes teniendo también un padrino, y ¿qué podría ser mejor que ambas cosas?

Breve resumen

La tutoría y el patrocinio son herramientas poderosas para el éxito personal y la creación de fuerzas de trabajo más consistentes. Aunque están relacionados entre sí y comparten algunas similitudes, no son lo mismo, como a veces se piensa:

- La **tutoría** consiste en que un mentor comparte conocimientos y ofrece orientación a un alumno, que aprende de la experiencia y el ejemplo del mentor.

- El **patrocinio** implica que un patrocinador aumenta la visibilidad de un protegido dentro de la organización, modelando un comportamiento de autoavance e implicando directamente al protegido en experiencias que le proporcionarán oportunidades para avanzar en su carrera.

¿Quieres saber más sobre cómo el patrocinio puede beneficiar tu carrera? Escucha este episodio de *Women at Work*, en HBR:

19

¿Cuál es la forma correcta de encontrar un mentor?

Consejos para iniciar, alimentar y mantener la relación

por Janet T. Phan

En el verano de 2004, tenía dieciocho años, me preparaba para mi primer año de universidad y buscaba formas de financiar mis estudios. Trabajaba turnos dobles en KFC y hasta tarde por la noche en Hollywood Video, pero un día me encontré en una gasolinera sin dinero suficiente para llenar el depósito.

Me prometí a mí misma hacer lo que fuera necesario para no volver a encontrarme en esa situación: vivir de cheque en cheque, tener varios trabajos y hacer *couchsurfing* para ahorrar dinero en el alquiler. Trabajar más —en mi caso doce horas diarias— no me llevaba a ninguna parte, pero sabía que sí podía trabajar de una forma más inteligente. Como hija de refugiados vietnamitas, no tenía a nadie en casa que supiera cómo desenvolverse en el sistema

141

académico o en el mundo laboral estadounidense. Sabía que necesitaba ayuda, alguien que me guiara.

Un buen mentor puede dejar una huella enorme en tu vida, y gracias no a uno, sino a muchos, pude pasar de ser aquella mujer sin dinero en la gasolinera a ser quien soy ahora. Recurrí a un antiguo profesor de instituto, una persona en quien podía confiar, que abogó por mi educación y me dio consejos que me prepararon para tener éxito en la universidad. Cuando me licencié, empecé haciendo prácticas de informática, donde conocí a un mentor que, seis años después, me ayudó a conseguir un trabajo en tecnología. Hoy soy directora de un programa de tecnología global para una de las mayores empresas del mundo y fundadora de Thriving Elements, un programa de mentores sin ánimo de lucro para chicas de todo el mundo con escasa representación.

Mi trabajo me ha enseñado algunas lecciones valiosas, pero quizá la más importante sea que, independientemente de la etapa en la que te encuentres, merece la pena aprender a pedir, cultivar y mantener este tipo de relaciones. Si se fomentan correctamente, pueden ponerte al mando de tu carrera, permitirte explorar opciones que antes eran inimaginables, darte acceso a oportunidades sin explotar y enseñarte a sortear los retos que nunca viste venir.

He aquí algunos consejos sobre cómo encontrar mentores, y mantener y alimentar esas relaciones.

Solicita una primera reunión

El 76 % de las personas afirman que los mentores son importantes, pero solo el 37 % tiene uno.[1] ¿A qué se debe esta diferencia? Según mi experiencia, se debe a que la mayoría de la gente tiene miedo de pedir esa reunión inicial. El miedo al rechazo es real, y se amplificó aún más durante la pandemia.

Acudir a alguien a quien admiras pero a quien no conoces bien, sobre todo si esa persona es más mayor que tú, es intimidante.

Para quitarte un poco de presión y aliviar el miedo, recuerda que las personas a quienes admiras probablemente han tenido varios mentores a lo largo de su vida que les han ayudado a llegar a donde están hoy, y seguramente aprovecharían la oportunidad de ayudar a otros de la misma manera. Si quieres conectar con ellos, empieza con una simple petición: una reunión rápida de unos quince o treinta minutos.

La mejor manera de ponerse en contacto suele ser enviando un breve correo electrónico. Comparte con ellos una o dos cosas que admires de su trabajo, cuéntales algo sobre ti, por qué te pones en contacto con ellos y qué te gustaría aprender de ellos. Para terminar, hazles una petición:

Estimado X,

He estado leyendo sobre el trabajo que está realizando con Y. Estoy interesado en desarrollar mi carrera laboral en el sector de las tecnologías y me encantaría saber cómo ascendió usted de simple analista de sistemas a director técnico de productos en cinco años. ¿Sería posible que tuviéramos una breve videoconferencia en las próximas semanas?

Una primera reunión con un café o una breve videollamada no suponen un gran compromiso para tu mentor objetivo y te dará la oportunidad de entenderle mejor, medir vuestra química y ver si es la persona adecuada para ti.

Fomenta la relación

La recomendación número uno que me han hecho tanto los mentores como los alumnos con los que he trabajado a lo largo de los años es: tómate tu tiempo para conectar realmente con la otra persona.

Conócelos. Piensa en el primer café o llamada virtual como una oportunidad para mantener una conversación informal. Recuerda que aún os estáis tanteando mutuamente, así que no centres la conversación únicamente en el trabajo. Pregúntale qué le gusta hacer los fines de semana, qué libros lee o qué aficiones le interesan. La mayoría de la gente estará encantada de tomarse un respiro de sus ajetreadas jornadas laborales y conectar a nivel personal. Este tipo de conversación también os da la oportunidad de ver si tenéis algo en común y si disfrutáis o no de la compañía mutua.

Hacia la mitad de la primera reunión, es conveniente plantear preguntas sobre tu carrera profesional y hablar de las áreas en las que te gustaría crecer. Para terminar, resume los consejos que te ha dado para demostrar que valoras su aportación. Por ejemplo, puedes decir: «Parece que asistir a eventos de *networking* le ha ayudado mucho a avanzar en su carrera. Investigaré algunos encuentros virtuales que pueda utilizar para ponerme en contacto con otras personas de mi campo. Gracias por la sugerencia».

Envía una nota de agradecimiento. Después de la reunión, envía un correo electrónico de agradecimiento en el plazo de una semana. En el mensaje, cuéntale algunas cosas importantes que hayas aprendido durante la conversación y hazle saber que te gustaría volver a hablar con él dentro de unas semanas:

Estimado X,

Me encantó conocer su excursión por Vietnam y toda la maravillosa comida que probó por el camino. Creo que iré al restaurante vietnamita que hay cerca de mi casa y probaré su comida. También me ha sorprendido saber que aprendió a programar usted solo a través de cursos en línea. Es muy inspirador. Si le parece bien, me pondré en contacto usted dentro de unas semanas.

La mayoría de los mentores están ocupados, así que no te alarmes si tardan unos días en responder.

Seguimiento. Entre tres y cinco semanas después de enviar el mensaje de agradecimiento, haz un seguimiento para informar a tu posible mentor de lo que has hecho basándote en lo que hablasteis en esa primera reunión (¿leíste el libro que te recomendó o viste la charla TED que tanto le encantó?) A continuación, pregúntale si estaría dispuesto a reunirse de nuevo en las próximas semanas. No recomiendo enviar una agenda. Más bien trata de mantener un tono y unas sugerencias informales. En mi experiencia, los buenos líderes y mentores aprecian un ambiente más informal. Se trata de crear un ambiente agradable para ambos, no de programar otra reunión de trabajo. Dicho esto, puede ser útil anotar las cosas que te gustaría discutir y compartirlas en tu correo electrónico cuando te pongas en contacto:

Estimado X,

Finalmente me puse a leer ese libro y tengo que decir que no puedo creer que no lo haya leído antes. Qué gran historia de valor y determinación. Gracias por recomendármelo.

He pensado en realizar un curso de escritura creativa en el centro Y. ¿Lo conoce? ¿Quizá podamos hablar de ello en nuestro próximo encuentro? Sé que está muy ocupado, pero dígame si tiene tiempo de volver a reunirse conmigo en las próximas semanas. Se lo agradecería mucho.

Normalmente, después de tres o cuatro reuniones tendrás una idea clara de si te gustaría que esa persona fuera tu mentor, momento en el que puedes decir algo como: «Estas reuniones me han sido muy útiles; ¡es casi como si fuera mi mentor!». Entonces, haz una pausa y observa su reacción.

Si te responde con un sí, es una buena noticia. Si sonríe pero no responde directamente, tampoco pasa nada. Es probable que se deba a que no quiere comprometerse formalmente a ser mentor en este momento. Pero no te desanimes. Mientras dedique tiempo a reunirse contigo y tú recibas la orientación que necesitas, no hay necesidad de etiquetar la relación.

Mantén la relación

Cuando pides a alguien que sea tu mentor, también le estás pidiendo que invierta su tiempo en ti. Demuéstrale que su tiempo está siendo bien empleado demostrándole que su inversión es rentable.

Mantenlo al corriente. Como mentora, puedo decir que no hay nada más gratificante que ver que el tiempo que he invertido en un alumno ha sido valioso y le ha ayudado a avanzar hacia sus objetivos. Pero es trabajo del alumno ayudar al mentor a ver cómo lo ha hecho. ¿Recuerdas el primer correo electrónico de seguimiento que enviaste? Hazlo con regularidad. Utiliza el tiempo que transcurre entre los encuentros para poner en práctica los objetivos que has fijado con tu mentor. Envíale actualizaciones (un simple mensaje de texto o un correo electrónico) contándole cómo su orientación está desempeñando un papel importante en tu carrera y tu desarrollo personal. Pero asegúrate de no enviarle *spam*. Una o dos veces al mes está bien durante el primer año, y, a medida que pase el tiempo y hayas establecido una buena relación de tutoría, puedes enviarle mensajes incluso una vez al trimestre. El objetivo es mantener el contacto e informarle de cómo progresa tu carrera.

Ofrece tu ayuda. Como en cualquier relación, las relaciones de tutoría son una calle de doble sentido. Lo que estás devolviendo a tu mentor es realmente tu progreso, pero tampoco hay nada malo en comprobar con tu mentor durante vuestras reuniones si puedes ayudarle de alguna manera. Quizá esté trabajando en una presentación y necesite una perspectiva externa, o quizá conozcas a alguien con quien quiera ponerse en contacto.

Expresa tu gratitud. Escribe una nota de agradecimiento después de cada reunión. Aunque no hace falta que sea tan extensa como la primera nota, un rápido «¡Gracias de nuevo por su tiempo, ha sido estupendo ponernos al día!» le demostrará que aprecias el tiempo y la orientación que te está dando.

• • •

La tutoría puede cambiarte la vida. Yo soy prueba de ello. Mantenerte al mando y ser proactivo hará que la relación con tu mentor sea fructífera. Utiliza estos principios para guiarte hacia el futuro que has imaginado para ti.

Breve resumen

Un mentor puede empoderarte de formas antes inimaginables. Utiliza estos principios para desarrollar y mantener una sólida relación de tutoría, independientemente de dónde te encuentres en tu carrera profesional:

- **Pide una primera reunión.** Un café o una videollamada no suponen un gran compromiso para tu mentor objetivo y te darán la oportunidad de evaluar la idoneidad.

- **Fomenta la relación.** Dedica tiempo a conectar de verdad con la otra persona y no te centres solo en el trabajo. Envía una nota de agradecimiento para mostrar tu gratitud.

- **Mantén la relación.** Mantenle informado de tus progresos, ofrécete a ayudarle y demuéstrale que aprecias el tiempo y la orientación que te dedica.

¿Quieres saber más sobre cómo encontrar un mentor que impulse tu carrera? Mira este vídeo de HBR:

20

Créate un círculo de asesores
Cultiva una red de personas que te guíen y apoyen

por Mimi Aboubaker

Todo el mundo podría beneficiarse de tener un círculo de asesores —un grupo informal de personas en las que confías, a cuyos conocimientos y perspectivas puedes recurrir a la hora de tomar decisiones— para impulsar su trayectoria profesional (y personal).

El término *mentor* suele asociarse a este tipo de relación, pero a mí me parece limitante. Para muchos, los «deberías» y «no deberías» asociados a la tutoría son estresantes y pueden convertirse en un elemento disuasorio a la hora de buscar un apoyo muy necesario. En su lugar, yo recomendaría cambiar el término por el de *asesor* y volver a los tiempos del instituto para encontrar un modelo más accesible.

En el instituto, los estudiantes suelen tener la oportunidad de entablar relaciones informales de asesoramiento o apoyo con diversas personas. Es posible que tú hayas tenido esta experiencia.

149

Estas relaciones suelen formarse orgánicamente y pueden incluir asesores académicos, entrenadores deportivos, familiares, vecinos o miembros de la comunidad, e incluso compañeros y conocidos. Juntas, estas personas forman una red de apoyo.

El mundo profesional es similar. Tu círculo de asesores incluye a personas con distintas especialidades. Tienes diferentes niveles de conexión con cada uno de ellas, y tus relaciones pueden fortalecerse con el tiempo. Sin embargo, hay algunas diferencias importantes que pueden hacer que encontrar asesores al principio del mundo laboral sea más difícil que en la adolescencia:

- *Tus prioridades.* Durante la adolescencia, las clases, la universidad y encajar socialmente eran probablemente lo más importante. Como joven trabajador, tus prioridades probablemente se hayan desplazado hacia el crecimiento profesional, encontrar el trabajo o la organización adecuados, y encajar culturalmente en la empresa (por ejemplo, la dinámica interpersonal, la política de oficina, etc.).

- *Tu nivel de iniciativa.* Para muchos de nosotros, las redes de apoyo se construyeron en nuestras experiencias en el instituto o la universidad, especialmente si incluían a nuestros familiares, amigos o instructores, pero en el mundo laboral hay que reclutar apoyos de forma proactiva.

- *Tu cadencia.* Es posible que antes tuvieras acceso a los miembros de tu red de apoyo semanalmente, o incluso a diario. Una vez que entras en el mercado laboral, tienes que ser más consciente sobre cuándo y por qué te pones en contacto con la gente.

¿Cómo encontrar los asesores adecuados?

El cuadro de mando del asesor personal es un marco que he creado y que puede resultarte útil (figura 20-1). Describe los factores más importantes que debes tener en cuenta a la hora de crear tu

FIGURA 20-1

Cuadro de mando del asesor personal

Utiliza la siguiente tabla de puntuación para evaluar a posibles asesores y crear un círculo diverso de personas que satisfagan tus necesidades profesionales y personales. Puedes actualizar cada categoría en función de tus preferencias y objetivos.

			¿Cumple el posible asesor tus expectativas o necesidades?				
			Las supera	Por encima/ cumple con la mayoría	Las cumple	Por debajo/ no cumple con la mayoría	No las cumple
Estilo operativo	Tipo de soporte	Táctico	O	O	O	O	O
		Emocional	O	O	O	O	O
		Patrocinio	O	O	O	O	O
		Consejos	O	O	O	O	O
	Métodos de compromiso	Cara a cara	O	O	O	O	O
		Correo electrónico	O	O	O	O	O
		Teléfono	O	O	O	O	O
		Texto	O	O	O	O	O
		Formal	O	O	O	O	O
	Estilo de comunicación	Ánimo	O	O	O	O	O
		Franqueza total	O	O	O	O	O
		Mezcla de ambas	O	O	O	O	O
Experiencia	Conocimientos especializados	Marketing	O	O	O	O	O
		Ventas	O	O	O	O	O
		Financiación	O	O	O	O	O
		Política	O	O	O	O	O
		Servicios financieros	O	O	O	O	O
		Tecnología	O	O	O	O	O
		Bienes de consumo	O	O	O	O	O
	Tipo de habilidades	Blandas: autoconocimiento, comunicación, inteligencia emocional, curiosidad, etc.	O	O	O	O	O
		Duras: modelización financiera, codificación, etc.	O	O	O	O	O
	Competencias	Puntos débiles: (enuméralos aquí)	O	O	O	O	O
		Puntos fuertes: (enuméralos aquí)	O	O	O	O	O
Profundidad	Familiar	Educación socioeconómica	O	O	O	O	O
		Obligaciones familiares	O	O	O	O	O
		Afiliaciones culturales	O	O	O	O	O
		Raíces geográficas	O	O	O	O	O
	Personal	Creencias	O	O	O	O	O
		Orientación sexual	O	O	O	O	O
		Identidad de género	O	O	O	O	O
		Otros	O	O	O	O	O
Extras	Personal	Donaciones benéficas	O	O	O	O	O
		Voluntariado	O	O	O	O	O
		Compromiso cívico	O	O	O	O	O
	Profesional	Grupo de afinidad de la empresa	O	O	O	O	O
		Consejos de administración de organizaciones sin ánimo de lucro	O	O	O	O	O

círculo de asesores y procura mejorar tu comprensión de ti mismo y de tus necesidades. De este modo podrás poner barandillas al a veces ambiguo proceso de creación de redes y determinar qué relaciones merece la pena mantener y profundizar.

Mi cuadro de mando incluye cuatro categorías que, según mi experiencia, recogen los atributos más esenciales que debes tener en cuenta en un asesor. Utiliza las categorías generales que figuran a continuación como plantilla para elaborar tu propio cuadro de mando, y amplíalo o ajústalo en función de tus necesidades profesionales o personales:

- *Estilo operativo:* tipo de apoyo, método de compromiso y estilo de comunicación.

- *Esperiencia:* sector, competencias o conocimientos.

- *Profundidad:* potencial a largo plazo y capacidad para mantener conversaciones más profundas.

- *Extras:* categorías de bonificación basadas en tus valores fundamentales, intereses o necesidades de apoyo.

Estilo operativo

A pesar de nuestro instinto de agrupar a las personas en función de su trabajo o formación, las hay de todas las formas y tamaños. Al seleccionar a tus asesores, es importante tener en cuenta sus diferencias y cómo se ajustan a tus preferencias y necesidades, que probablemente cambien con el tiempo.

El *estilo operativo* es una forma de entenderlo, y puede dividirse en tres categorías:

Tipo de soporte

Esto abarca el tipo de apoyo que necesitas de los posibles asesores y hasta qué punto son capaces de dártelo. Aunque el apoyo adopta muchas formas, para simplificar puede clasificarse en «emocional frente a táctico» y «asesoramiento frente a patrocinio». Nuestras necesidades suelen situarse en algún punto del espectro entre ambas.

Si, por ejemplo, quieres aliviar tus temores ante una solicitud de empleo, necesitas apoyo emocional. Si buscas orientación sobre cómo preparar una entrevista de trabajo técnica, necesitas apoyo táctico. Si quieres que te asciendan o cambiar de sector, puede que necesites un padrino, alguien que abogue por ti cuando no estés en la sala. En todos estos casos, necesitas asesoramiento (pero de distintos tipos). A la hora de crear tu círculo de asesores, ten en cuenta quién desempeñaría mejor estas funciones para asegurarte de que tienes todas las opciones cubiertas.

En general, he comprobado que los compañeros cercanos son los más dispuestos a ofrecer apoyo táctico, como revisión de currículum y simulacros de entrevistas. Los profesionales a mitad de carrera están más cualificados para ofrecer asesoramiento especializado en función de su experiencia, y los altos directivos son los más indicados para actuar como patrocinadores o proporcionar ayuda sobre decisiones y estrategias de carrera a gran escala.

Compromiso

Todo tiene que ver con el formato, la formalidad y la frecuencia. ¿A tu asesor potencial le gusta hablar cara a cara o comunicarse por correo electrónico, teléfono o a través de aplicaciones de mensajería? ¿Con cuánta antelación prefiere programar las reuniones? ¿Es una persona con la que deseas quedar periódicamente o alguien a quien no te importa ver cada dos años?

Lleva tiempo tantear estas preferencias, pero no es necesario pedir formalmente al candidato que sea tu asesor para acelerar el proceso; estas relaciones se desarrollan como las amistades. Sea cual sea el método que utilices, sé constante a la hora de contactar y mantener la relación. Su receptividad es un indicador de su compromiso.

Estilo de comunicación

Se trata de saber qué tipo de *feedback* te resulta más eficaz y si el estilo de comunicación preferido de tu candidato a asesor se ajusta a él.

Algunas personas, por ejemplo, se benefician más de las palabras de ánimo, mientras que otras prefieren el amor difícil. Según mi experiencia, lo mejor es tener una mezcla saludable de personas dentro de estas categorías. Cuando necesites un estímulo de confianza, querrás conectar con alguien que te llene de orgullo; cuando necesites oír la verdad sin ambages, querrás a alguien que te ofrezca una franqueza radical. En el caso del patrocinio, querrás a alguien que esté dispuesto a guiarte y ser honesto sobre lo que necesitas conseguir para que se sienta cómodo arriesgando su reputación y abogando por tu avance.

A medida que cambies y crezcas, incorpora a tu círculo nuevas personas con estilos más adecuados a tu situación actual y negocia las condiciones de tus relaciones actuales.

Experiencia

Los humanos somos miméticos por naturaleza. Absorbemos comportamientos y conocimientos de aquellos con los que pasamos tiempo. Por eso, crear un círculo de asesores que te animen a superarte es una forma sencilla de acelerar tu crecimiento personal y ampliar tu mentalidad.

Al igual que el estilo operativo, la experiencia es multidimensional y puede dividirse en tres categorías:

Conocimientos especializados

La *experiencia en un dominio* describe los conocimientos de alguien en un campo específico o especializado y suele adoptar dos formas: funcional (por ejemplo, marketing, ventas, finanzas) o industrial (por ejemplo, tecnología, servicios financieros, productos de consumo).

Si aún no has decidido qué trayectoria profesional quieres seguir, podrías beneficiarte de asesores especializados en su área funcional en distintos sectores (por ejemplo, servicios financieros, finanzas estratégicas en una empresa emergente). Si quieres crecer dentro de un sector específico, un círculo de asesores especializados en diferentes áreas de ese sector (o que tengan diferentes conocimientos funcionales dentro del mismo) puede ser más beneficioso, ya que tendrás una amplia variedad de expertos en la materia a los que recurrir cuando surjan preguntas o desafíos.

En cualquier caso, adoptar un enfoque holístico para construir tu círculo te servirá en los años venideros.

Tipo de habilidad

Las competencias pueden dividirse en «duras» y «blandas». Como profesional principiante, puedes tener la tentación de centrarte más en los asesores que tienen habilidades duras que se alinean claramente con tus responsabilidades o intereses laborales (por ejemplo, modelización financiera, codificación). Pero subdesarrollar tus habilidades blandas (por ejemplo, autoconocimiento, comunicación, inteligencia emocional, curiosidad) es un riesgo. A medida que avances en tu carrera, y sobre todo si te interesa el mundo de la gestión, pasarás gran parte de tu tiempo utilizando esas habilidades interpersonales que los reclutadores consideran cada vez más deseables.

Cuando selecciones a tus asesores, presta atención a las personas cuyos talentos sean más intangibles. Estas habilidades más blandas pueden ser las de alguien con una gran capacidad de comunicación verbal o escrita (por ejemplo, un buen narrador, un escritor analítico, un comunicador estructurado cuyas ideas sean fáciles de seguir). Estas habilidades también pueden adoptar la forma de una dinámica interpersonal sólida (por ejemplo, facilitar reuniones de forma que todos los presentes en la mesa participen en la conversación, ser capaz de influir en los demás, tener una personalidad magnética).

Competencia

Y, por último, considera tus puntos fuertes y tus áreas de desarrollo, y busca personas competentes en ambas categorías. Sacar partido de tus puntos fuertes te beneficiará, y las personas que los comparten —especialmente colegas veteranos— pueden enseñarte a ponerlos en práctica de forma útil. La comunicación, por ejemplo, es uno de mis puntos fuertes, y estar rodeado de otras personas que valoran la comunicación clara me ha ayudado a seguir aprendiendo, desarrollando y enorgulleciéndome de esa habilidad.

Del mismo modo puedes abordar tus puntos débiles rodeándote de asesores que destaquen en esas áreas. Un buen asesor te enseñará a mejorar y te impulsará activamente hacia un nivel superior. Si tu empresa ha determinado que determinadas competencias son esenciales para ascender, desarrollarlas resultará esencial para tu crecimiento.

Profundidad

«Cuanto más grande, mejor» es una frase que la mayoría de la gente está condicionada a creer, sobre todo al principio de su carrera. Pero, cuando se trata de tus asesores, suele ser preferible contar con un grupo reducido de personas con las que puedas desarrollar relaciones profundas y que tengan la capacidad de crecer a tu lado.

A medida que avances profesionalmente, tus decisiones serán más matizadas e incluirán más factores personales: la carrera de tu pareja, la planificación familiar, la compra de una casa, tu salud, etc. Todos estos factores pueden influir mucho en tus decisiones. Cuando cambies de sector, carrera o trayectoria en general, tu red de apoyo tendrá que evolucionar contigo. Elegir asesores que inviertan en tu desarrollo a largo plazo reducirá su tasa de rotación.

Pero ¿cómo identificar a estas personas? Te animo a que consideres todas las dimensiones de tu identidad y añadas los elementos más importantes para ti a tu tarjeta de puntuación. El mundo profesional tiende a ser reduccionista cuando se trata de este tema, metiendo a la gente en cajas ordenadas y etiquetadas por género, raza o afiliaciones institucionales. Con demasiada frecuencia pasamos por alto la multiplicidad de elementos que nos conforman e influyen en nuestra forma de ver el mundo.

Considera tu educación socioeconómica, tus afiliaciones culturales, tu fe, tu orientación sexual, tus raíces geográficas o cualquier otro factor que afecte a tu persona, y cómo encajan para hacerte único. A continuación, busca alineaciones en las personas que conoces o con las que te cruzas.

Puede ser útil revisar el trabajo publicado, las publicaciones en redes sociales o la pertenencia a grupos (en LinkedIn) de un posible asesor para hacerte una idea de si sus intereses, disposiciones o identidades coinciden de forma significativa. Si ves cosas que resuenan, puede que encajen bien.

Por ejemplo, si yo fuera un estudiante interesado en la tecnología y comprometido con el sistema de acogida, podría contactar con alguien como Emi Nietfeld, ex ingeniera de Google y Facebook que ha escrito sobre sus experiencias con el sistema de acogida y la falta de vivienda, ya que con ella podría hablar más íntimamente de mi experiencia. Del mismo modo, si yo fuera un indocumentado interesado en las finanzas y no estuviera seguro de los pasos a seguir para conseguir una contratación legal, alguien como Julissa Arce o Charlis Cueva, que tanto han navegado por esos procesos junto con Goldman Sachs, podrían ser personas con las que podría formar relaciones más íntimas. (Busca a estas personas en LinkedIn, las encontrarás).

La cuestión es mirar más allá de las afinidades superficiales y centrarse en las cosas que hacen que la gente sea especialmente afín a ti. Puedes obtener orientación personal adaptada a tus necesidades si estableces conexiones con esta mentalidad desde el principio. Cuanto más significativa sea la relación, más probabilidades tendrá de perdurar, ya que la resonancia emocional es un ingrediente esencial de las relaciones sólidas.

Extras: categorías adicionales

Se trata de un espacio libre que puedes rellenar como desees. Por ejemplo, como vivir una vida con un propósito es parte integral de lo que soy, mi categoría extra es propósito (por ejemplo, esforzarme por tener un impacto más allá de crear riqueza generacional o llegar a la dirección ejecutiva). El propósito se ha manifestado de diferentes maneras en distintos períodos de mi vida: en la escuela secundaria, di clases particulares gratuitas a estudiantes; y, en los últimos años, el espíritu empresarial ha sido el vehículo que he elegido para el servicio, y lo he utilizado para crear varias empresas impulsadas por una misión. Veo el servicio como una práctica integrada a lo largo de toda la vida y creo que la filantropía es un «devolver» accesible a todas las edades y etapas.

Tus categorías extra también deben basarse en tus valores fundamentales, intereses o necesidades de apoyo. Algunos ejemplos pueden ser la gestión de la salud mental, la neurodivergencia, el cuidado de otras personas o la conciliación de la vida laboral y la personal. Tus valores y necesidades influyen mucho en tu forma de tomar decisiones profesionales y vitales, y contar con personas en tu red que ven el mundo a través de una lente similar puede ser una herramienta poderosa a la hora de tomar decisiones difíciles y planificar el futuro.

Por último, recuerda...

Respira. Llevas toda la vida construyendo relaciones. El ámbito profesional no es muy diferente del personal: sigues estableciendo contactos, solo que hablas de temas diferentes. Merece la pena crear un gabinete de asesores al principio de tu carrera, ya que la influencia y la aceptación de las partes interesadas serán fundamentales para el éxito a medida que avances. Los cuadros de mando son un buen ejercicio para asegurarte de que te acercas a las personas adecuadas.

Breve resumen

Debes crear un círculo de asesores con distintas especialidades que puedan apoyarte a lo largo de tu carrera. Hay cuatro factores clave que debes tener en cuenta a la hora de crear tu círculo:

- **Estilo operativo.** Observa tus diferencias y cómo encajan con tus preferencias y necesidades.

- **Experiencia.** Debe variar en cuanto a formación, sector, funciones o conjuntos de aptitudes para animarte a extender, crecer y ampliar tu mentalidad.

- **Profundidad.** Tu grupo debe ser pequeño, lleno de personas con las que puedas desarrollar relaciones profundas y que tengan la capacidad de crecer a tu lado.

- **Extras.** Basa tus categorías adicionales en tus valores fundamentales, intereses o necesidades de apoyo.

NOTAS

Capítulo 4

1. Abraham P. Buunk y Frederick X. Gibbons, «Social Comparison: The End of a Theory and the Emergence of a Field», *Organizational Behavior and Human Decision Processes* 102, n.º 1 (febrero de 2007): 3-21, DOI:10.1016/j.obhdp.2006.09.007.

Capítulo 7

1. David M. Schweiger, William R. Sandberg y Paula L. Rechner, «Experiential Effects of Dialectical Inquiry, Devil's Advocacy, and Consensus Approaches to Strategic Decision Making», *Academy of Management Journal* 32, n.º 4 (diciembre de 1989): 745-772, https://psycnet.apa.org/record/199011131001.

Capítulo 8

1. Daniel J. McAllister, «Affect- and Cognition-Based Trust as Foundations for Interpersonal Cooperation in Organizations», *Academy of Management Journal* 38, n.º 1 (febrero de 1995): 24-59, https://www.jstor.org/stable/256727?seq-1.

Capítulo 9

1. Dawn Heilberg, «Gen Z in the Workplace: Everything You Need to Know», *FirstUp Blog*, 6 de enero de 2023, https://firstup.io/blog/gen-z-in-the-workplace/.

Capítulo 10

1. Will.I.Am, «Yes We Can», 2 de febrero de 2008, vídeo de YouTube, https://www.youtube.com/watch?v=SsV2O4fCgjk.
2. Stephen D. Shaffer, «Balance Theory and Political Cognitions», *American Politics Quarterly* 9, n.º 3 (1981): 291-320, https://doi.org/10.1177/1532673X8100900303; Yen-Sheng Chian *et al.*, «Triadic Balance in the Brain: Seeking Brain Evidence for Heider's Structural Balance Theory», *Social Networks* 63 (octubre de 2020): 80-90, https://www.sciencedirect.com/science/article/abs/pii/S0378873320300368.

3. Matthew Feinberg y Robb Willer, «Moral Reframing: A Technique for Effective and Persuasive Communication Across Political Divides», *Social and Personality Psychology Compass* 13, n.º 12 (diciembre de 2019), https://compass.onlinelibrary.wiley.com/doi/abs/10.1111/spc3.12501.
4. Matthew Feinberg y Robb Willer, «From Gulf to Bridge: When Do Moral Arguments Facilitate Political Influence?», *Personality and Social Psychology Bulletin* 41, n.º 12 (octubre de 2015): 1665-1681, https://journals.sagepub.com/doi/10.1177/0146167215607842.

Capítulo 11

1. Lee G. Bolman y Terrence E. Deal, *Reframing Organizations: Artistry, Choice, and Leadership* (San Francisco: Jossey-Bass, 2021), 303.
2. Efrat Elron y Eran Vigoda-Gadot, «Influence and Political Processes in Cyberspace: The Case of Global Virtual Teams», *International Journal of Cross Cultural Management* 6, n.º 3 (2006): 295-317, https://doi.org/10.1177/1470595806070636.
3. Kathleen Kelly Reardon, *The Secret Handshake: Mastering the Politics of the Business Inner Circle* (Nueva York: Crown Currency, 2002).

Capítulo 12

1. «SHRM Survey: Half of U.S. Workers Have Crushed on a Co-Worker», comunicado de prensa de SHRM, 11 de febrero de 2021, https://shrm.org/about-shrm/press-room/press-releases/Pages/Half-of-US-Workers-Have-Crushed-on-a-Co-Worker.aspx?_ga=2.66860718.1051678378.1631091745-1735163828.1631091744.
2. Adzuna, «Two-Thirds of Brits Have Been Romantically Involved with a Colleague», *HR Director News*, 11 de febrero de 2020, https://www.thehrdirector.com/business-news/the-workplace/two-thirds-of-brits-have-been-romantically-involved-with-a-colleague/.
3. Sean M. Horan y Rebecca M. Chory, «When Work and Love Mix: Perceptions of Peers in Workplace Romances», *Western Journal of Communication* 73, n.º 4 (2009): 349-369, https://doi.org/10.1080/10570310903279042.
4. Sean M. Horan y Rebecca M. Chory, «Relational Implications of Gay and Lesbian Workplace Romances: Understanding Trust, Deception, and Credibility», *International Journal of Business Communication* 50, n.º 2 (2013): 170-189, https://doi.org/10.1177/0021943612474993.
5. Horan y Chory, «When Work and Love Mix».

6. Renee L. Cowan y Sean M. Horan, «Love at the Office? Understanding Workplace Romance Disclosures and Reactions from the Coworker Perspective», *Western Journal of Communication* 78, n.º 2 (2014): 238-253, https://doi.org/10.1080/10570314.2013.866688.

Capítulo 19

1. Christine Comaford, «76 % of People Think Mentors Are Important, but Only 37 % Have One», *Forbes*, 3 de julio de 2019, https://www.forbes.com/sites/christinecomaford/2019/07/03/new-study-76-of-people-think-mentors-are-important-but-only-37-have-one.

ACERCA DE LOS COLABORADORES

MIMI ABOUBAKER es empresaria y escritora. Recientemente ha fundado Perfect Strangers, la mayor iniciativa de respuesta a la crisis provocada por el coronavirus en Estados Unidos, que repartió más de tres millones de comidas en colaboración con organizaciones sin ánimo de lucro y organismos públicos. Antes de dedicarse al mundo empresarial trabajó en Goldman Sachs y Morgan Stanley. Para más consejos sobre cómo orientarse en la carrera laboral y la vida, síguela en X/Twitter @mimi_aboubaker y visita su sitio web en www.mimiaboubaker.com.

KELSEY ALPAIO es editora asociada sénior de *Harvard Business Review.*

RAINA BRANDS es profesora asociada en el University College de Londres. Es experta en redes sociales y en cómo estas relaciones informales en el lugar de trabajo pueden presentar barreras ocultas al rendimiento, los logros y la colaboración. Uno de los principales objetivos de su investigación es entender cómo las redes sociales influyen en la carrera profesional de las mujeres e intervenir directamente en estos procesos para crear organizaciones más meritocráticas.

PAWAN BUDHWAR es profesor de Gestión internacional de recursos humanos en Aston Business School de la Universidad de Aston.

165

PAIGE COHEN es redactora sénior de *Harvard Business Review*.

AMY GALLO es redactora colaboradora de *Harvard Business Review*, copresentadora del pódcast *Women at Work* y autora de dos libros: *Conecta. Cómo trabajar (y llevarse bien...) con cualquier persona* y *HBR Guide to Dealing with Conflict* (Harvard Business Review Press, 2022 y 2017, respectivamente). Escribe y habla sobre dinámicas en el lugar de trabajo.

ELIANA GOLDSTEIN es *coach* profesional certificada de carrera y éxito. Antes de dedicarse al *coaching* estuvo diez años trabajando en ventas en el sector de la tecnología publicitaria y en varias empresas emergentes. Como *coach*, ayuda a sus clientes a aprender estrategias profesionales clave, a crear una mentalidad necesaria y a establecer los objetivos necesarios para alcanzar el éxito que desean en sus funciones actuales y en sus futuras carreras. A la luz de los continuos cambios en el lugar de trabajo y en la dinámica de la mano de obra, su objetivo sigue siendo proporcionar herramientas profesionales para desarrollar empleados más comprometidos y satisfechos, fomentando así empresas prósperas y centradas en los empleados.

SEAN HORAN es profesor de Comunicación en la Universidad de Fairfield.

LIANA KREAMER es profesora adjunta de Psicología organizativa industrial en el Instituto de Tecnología de Florida. Está interesada en las tácticas y los comportamientos en las reuniones, los estilos de liderazgo y las dinámicas de equipo. Puedes encontrarla en LinkedIn.

AILUN KU es presidenta y CEO de Opportunity Network. Es antigua alumna de la beca Senior Leaders Fellowship de la Steinhardt School (Universidad de Nueva York) y también fue becaria del director del MIT Media Lab en 2019. Es facilitadora capacitada de LEGO SERIOUS PLAY. Realizó un máster en administración pública en la Robert F. Wagner Graduate School de la Universidad de Nueva York y es licenciada en Artes y Ciencias por la Universidad de Nueva York.

BEN LAKER es profesor de Liderazgo en la Henley Business School de la Universidad de Reading. Síguelo en X/Twitter @drbenlaker.

ASHISH MALIK es profesor de Gestión de recursos humanos en la Queen's Business School, Queen's University of Belfast (Irlanda del Norte, Reino Unido).

DVIWESH MEHTA es director regional para Asia Meridional y Oriente Medio de Harvard Business Publishing.

CYDNEI MEREDITH es estudiante de primer año de doctorado en ciencias de la organización en la Universidad de Carolina del Norte, en Charlotte. Su interés se centra en la voz y el silencio de los empleados, las reuniones y la seguridad psicológica.

ANTOINETTE OGLETHORPE es consultora, *coach*, conferenciante y autora con treinta años de experiencia en el desarrollo de líderes para organizaciones multinacionales. Es Chartered Fellow del CIPD y miembro de la Association for Coaching y del Institute of Leadership and Management. Su último libro se titula *Confident Career Conversations: Empower Your Employees for Career Growth and Retention.*

JANICE OMADEKE es la galardonada autora de *Mentorship Unlocked: The Science and Art of Setting Yourself Up for Success*, y líder mundial de opinión y conferenciante, además de CEO y fundadora de la empresa de *software* de mentoría adquirida The Mentor Method. Reconocida por sus puntos de vista distintivos sobre el desarrollo profesional, la tutoría y el espíritu empresarial inclusivo, Omadeke ha aparecido en publicaciones de primera línea, como *Entrepreneur, Forbes* y *Enterprise Magazine*.

CHARMI PATEL es profesora asociada de Gestión internacional de recursos humanos en Henley Business School.

JANET T. PHAN es la fundadora de Thriving Elements, una organización mundial sin ánimo de lucro que pone en contacto a chicas desfavorecidas e infrarrepresentadas con mentores de STEM. Es autora de *Boldly You: a Story About Discovering What You're Capable of When You Show Up for Yourself*. También es directora de programas técnicos en una empresa que trabaja para llevar banda ancha asequible y fiable a comunidades desatendidas y subatendidas en todo el mundo. Su charla TEDx se titula «3 Key Elements to a Thriving Mentorship».

NIVEN POSTMA es la directora general de Niven Postma y trabaja como *coach* de rendimiento para equipos ejecutivos globales, construyendo un liderazgo de sistema completo. Ha desarrollado una amplia y variada carrera en múltiples organizaciones y sectores en Sudáfrica y a escala internacional, como CEO de la Asociación de Mujeres Empresarias, CEO de NOAH (Nurturing Orphans of AIDS for Humanity), directora de la Academia SARB del Banco de la Reserva de Sudáfrica, y directora de Liderazgo y cultura del

Standard Bank Group. Es tutora en el Cambridge Institute for Sustainability Leadership, conferenciante en varios programas mundiales de desarrollo del liderazgo y autora de *If You Don't Do Politics, Politics Will Do You.*

HOLLY RAIDER es decana de School of Business y profesora de Gestión en la Universidad de Quinnipiac. Asesora a estudiantes, jóvenes profesionales y ejecutivos sobre estrategia, cambio de liderazgo, transiciones empresariales y participación de las partes interesadas en situaciones de alto riesgo.

RAY REYES es el director de programas de Opportunity Network y supervisa todos los programas y equipos de programas de la organización. Anteriormente fue director adjunto y orientador profesional en Steinhardt School of Culture, Education, and Human Development, de la Universidad de Nueva York. Se licenció en Filología inglesa por la Universidad de Rowan y obtuvo un máster en educación superior en Steinhardt School.

STEVEN G. ROGELBERG es catedrático de la Universidad de Carolina del Norte (Charlotte) por sus distinguidas contribuciones nacionales, internacionales e interdisciplinarias. Es autor de *La sorprendente ciencia de las reuniones: Cómo liderar a tu equipo para obtener el máximo rendimiento* y *Glad We Met: The Art and Science of 1:1 Meetings.* Escribe y habla sobre liderazgo, equipos, reuniones y compromiso. Puedes conocerlo en stevenrogelberg.com.

VASUNDHARA SAWHNEY es redactora sénior de *Harvard Business Review.*

RUCHI SINHA es profesora asociada de Comportamiento organizativo en Business School de la Universidad de Australia Meridional (Adelaida). Su investigación se centra en cómo el liderazgo influye en la forma en que la confianza, la voz, el conflicto y las dinámicas de poder se manifiestan y evolucionan en los equipos, para influir en las relaciones laborales y los resultados de rendimiento.

NICOLE D. SMITH es directora editorial de audiencia de *Harvard Business Review.*

ANAND TAMBOLI es un innovador, futurista, experto en transformación, autor galardonado, cineasta y orador, especializado en áreas que se cruzan con la tecnología y las personas. Como *coach* ejecutivo para *millennials* y miembros de la generación Z, Anand trabaja a menudo con emprendedores, ayudándoles a hacer realidad sus ideas y estrategias.

JEFF TAN es director de Desarrollo corporativo y Estrategia de cartera en Agenus, una biotecnológica centrada en la inmunoonco-logía, y anteriormente ocupó el cargo de jefe de personal. Antes de eso, Jeff ayudó a dirigir la visión estratégica del negocio y la estrategia de nuevos productos en Epizyme, otra pequeña biotecnológica oncológica, y estuvo un tiempo trabajando en una consultoría de gestión centrada en la estrategia comercial en las ciencias de la vida.

MELODY WILDING es *coach* ejecutiva y autora de *Trust Yourself: Stop Overthinking and Channel Your Emotions for Success at Work.*